À tous ceux qui veulent aller au-delà de l'indignation

Du même auteur :

La démocratie évolutive, Yves Michel, 2007

À paraître aux éditions Démocratie Évolutive:

Dépolluer l'économie - Tome 2: Révolution dans le capital, le travail et le foncier-immobilier

Torrent de jeunesse, Réédition

Des écoles pour la société civile - Propositions pour un nouveau service public de l'éducation

Michel Laloux

Dépolluer l'économie

Tome 1

Révolution dans la monnaie

Démocratie Évolutive

F - 84570 Mormoiron

www.democratie-evolutive.fr

Dépôt légal: juin 2014

ISBN 978-2-36968-000-0

Chapitre 1

L'économie polluée

Le début du XXIe siècle nous montre deux domaines qui sont victimes d'actions inconsidérées accomplies par les humains. Dans le cas de la nature, nous parlons de pollution. Pouvons-nous employer le même terme pour l'économie ? Tentons un parallèle à l'aide de quelques exemples :

▷ L'économie a aussi ses déchets toxiques dont elle ne sait quoi faire. Dans les années 80 du siècle passé est apparue l'expression junk bonds (obligations pourries). Avec la crise des subprimes, on a parlé de produits toxiques plombant les bilans des banques, des fonds de placements et même de collectivités territoriales.

▷ De même que les déchets nucléaires sont les plus toxiques, de même les produits dérivés se sont révélés extrêmement dangereux pour l'économie. Là aussi, on avait détruit le noyau de ce qui constitue habituellement un produit financier. On ne vendait plus un bien précis ou des titres de propriété, comme dans le cas des actions. On vendait donc des dettes ! Mais on était allé plus loin puisque l'on assemblait des fractions de parts de dettes différentes pour en faire un titre vidé de toute substance qui serait en rapport avec ce que l'on nomme économie. Ces produits dérivés proviennent d'une atomisation de titres de dettes. Ils ont donc, tout naturellement, provoqué une réaction en chaîne incontrôlable. On a parlé de tsunami ; mais on aurait aussi pu l'appeler un Tchernobyl financier.

▷ Constatant la toxicité des transactions financières pour l'économie réelle, on propose de les taxer... comme avec les émissions de carbone. Alors il faut se demander si l'on verra apparaître l'équivalent des permis de polluer. On pourrait les appeler les permis de transacter, échangés sur un marché de la transaction. Un fonds spéculatif qui n'aurait pas atteint son quota de transactions financières pourrait revendre la partie inutilisée à un autre fond.

▷ Dans l'agriculture, le sol est un « problème ». Il demande beaucoup de travail et il est soumis aux aléas climatiques. On a donc inventé la culture hors-sol. Dans l'industrie, on appelle cela : les délocalisations. On transplante une usine hors du contexte économique et des conditions sociales dans lesquelles elle est née. Dans ce cas, c'est le salaire qui est considéré comme un problème. On dit que c'est une charge pour l'entreprise.

▷ Autrefois, les semences faisaient partie du cycle agricole naturel. Le paysan consacrait une part de sa récolte pour ensemencer ses champs. Aujourd'hui, les semences sont brevetées. Si le paysan veut semer des graines de sa récolte, il doit s'acquitter d'une redevance auprès de l'entreprise qui lui a vendu les graines d'origine.

Le prêt est une semence pour les entreprises et les institutions. Actuellement, il est entièrement en mains privées, celles des banques de second rang et celles des fonds d'investissement. Pour pouvoir emprunter, l'État doit se tourner vers ces organismes et non vers la banque centrale. D'un côté, le cycle agricole ancestral a été détourné vers les entreprises de production de semences brevetées ; de l'autre, le service public de la monnaie est devenu le service de la dette payé aux institutions financières privées.

▷ Dans l'économie aussi, l'on voit apparaître des Organisations Génétiquement Modifiées. Par petites touches, la Banque Centrale Européenne voit son statut se transformer. En contradiction avec les traités, elle vient au secours des États surendettés, mais aussi des banques privées qui se sont fourvoyées dans des spéculations hasardeuses. La BCE commence à pratiquer ce que la Federal Reserve Bank appelle d'un terme savoureux : le *quantitative easing*[1] (assouplissement quantitatif). C'est moins embarrassant que de parler de planche à billets !

---

1. Voir la présentation de cette notion p. 136

▷ On peut caractériser une mauvaise herbe par le fait qu'elle cherche à prendre la place de la bonne, celle qui permettra de faire du blé. Toutes deux entrent donc en concurrence. L'herbicide réglera cet affrontement au profit de la seconde. En économie, si les règles habituelles de la concurrence loyale ne suffisent pas, on aura recours à la fusion, à l'absorption ou à l'OPA. Dans les deux cas, les dégâts collatéraux, environnementaux ou sociaux, sont conséquents.

▷ Au cours du XXe siècle, on a poussé aux extrêmes les rendements des sols. Au fond, derrière toute pollution se trouve la notion de rendement maximum. Les engrais chimiques y ont joué un rôle important, stérilisant peu à peu l'humus. En économie, on a trouvé aussi une façon d'augmenter les rendements au-delà de ce qui est sain pour le terrain social.

Qu'est-ce qu'un engrais chimique ? Un élément étranger et synthétique que la nature ne peut absorber sans être endommagée, à un degré ou à un autre. De la même façon, on a laissé s'introduire sur le terrain de l'économie ce qui permet d'augmenter les rendements et joue donc le rôle d'un engrais. On l'appelle spéculation. Elle est aussi étrangère à l'économie réelle que l'engrais chimique l'est à la nature.

De même que chaque engrais a une action spécifique (azote, phosphate, nitrate, etc.) de même, la spéculation agit dans des domaines bien précis que l'on peut ramener au nombre de quatre. Quatre éléments sont devenus marchandises, alors qu'au départ, ils sont là pour aider à l'apparition de celles-ci. Il s'agit de la monnaie, du capital, du foncier-immobilier et du travail. Trois de ces éléments sont principalement joués à la hausse, le travail à la baisse.

En réalité, la spéculation est la forme première de la pollution de l'économie. Elle favorise et même engendre les autres. C'est la raison pour laquelle nous devons nous intéresser à la dépollution des quatre éléments que nous venons de mentionner.

Dans le premier tome, nous verrons comment la monnaie est devenue une marchandise. Mais nous regarderons surtout comment nous pouvons la faire revenir à son statut initial par des mesures touchant au système bancaire et à la détermination des taux de changes. Ce sera le premier volet d'une méthode de dépollution de l'économie. Les trois autres feront l'objet du second tome.

Pour chacun de ces quatre éléments, nous chercherons à dégager des lois fondamentales inhérentes à l'économie elle-même. Puis nous proposerons des solutions évolutives, c'est-à-dire des solutions qui peuvent se mettre en place sur initiatives de la société civile, être expérimentées et améliorées. Ainsi le nouveau pourra prendre, peu à peu, la place de l'ancien.

Clarifions ce que j'entends par solution évolutive. Il ne s'agit pas de compromis tièdes dans lesquels on ne peut plus rien discerner. Ceux qui opteront pour les solutions évolutives franchiront un pas, feront même un saut. Là encore, une comparaison avec l'environnement nous aidera à en saisir le principe.

Lorsqu'une exploitation agricole décide de passer en culture biologique, elle dispose de quelques années de transition. On dit qu'elle est en reconversion. Mais son choix est clair et les méthodes qu'elle emploie sont bien définies : elle est déjà dans le domaine du bio.

Face à la poussée de ce type d'agriculture, on a inventé un concept de compromis : l'agriculture raisonnée. En économie, on fait de même avec le placement éthique, lequel reste toujours un placement. Dans les deux cas, un saut qualitatif n'est pas effectué et je n'emploierais pas alors le terme de solution évolutive.

Ces quelques exemples illustrent le fait que la nature et l'économie sont passées par des processus de pollutions analogues. Tous les deux ont atteint un stade de crise aiguë. Nous pourrions nous y enfoncer un peu plus. Nous pourrions croire nous en affranchir par des mesurettes politiques jouant sur les apparences.

Mais si nous déchiffrons les événements avec attention, nous ne pouvons que constater l'urgence d'un changement de cap dans ces deux domaines, simultanément. Pourtant, l'un de ces domaines conditionne l'autre. Car la pollution de l'économie est antérieure à celle de l'environnement et elle en est l'une des causes premières. Si la structure du capital des entreprises avait été différente et si le travail avait été considéré autrement, la pollution de l'environnement n'aurait pas pris cette ampleur. Les mesures pour la corriger, réclamées par les écologistes de la première heure, auraient pu être adoptées beaucoup plus rapidement.

La pollution de l'économie a donc joué un rôle déterminant dans celle de l'environnement. S'attaquer à elle, c'est œuvrer, de la façon la plus sûre, pour la santé de la nature.

La dépollution de l'économie ne se fera pas sans une révolution de la conception que nous avons d'elle. Mais nous devons d'abord examiner les conditions nécessaires pour que cette révolution soit durable.

Chapitre 2

Révolution durable

2011 restera comme l'année où la spéculation a ouvertement pris le pouvoir.

Elle le détenait déjà depuis longtemps, mais agissait à l'arrière-plan, dissimulée derrière des théories économiques et des systèmes politiques.

Aujourd'hui, elle est sur le devant de la scène, imposant les changements de premiers ministres et les plans de rigueur. Avec une brutalité inouïe, elle dicte leurs comportements aux gouvernements de l'UE, à la BCE et à la Commission Européenne.

Elle a une arme redoutable : les taux d'intérêt. Qu'un premier ministre propose de consulter le peuple par référendum ou qu'un autre tarde à tailler dans les budgets sociaux, immédiatement les taux auxquels elle prêtera prennent l'ascenseur, augmentant ainsi le service de la dette et, par-là, annulant les efforts du précédent plan de rigueur.

Les peuples européens sont sonnés, tétanisés. Ils assistent, impuissants, à la réalisation de ce que Naomi Klein appelle la stratégie du choc, qui permet de faire passer des réformes structurelles en s'appuyant sur des techniques analogues à celles de la torture de prisonniers et qui sont décrites dans un manuel de la CIA : « *Il existe un intervalle – parfois extrêmement bref – d'apathie, de choc ou de paralysie psychologique. Cet état est causé par un traumatisme ou un traumatisme secondaire qui fait en quelque sorte voler en éclats le monde familier du sujet et l'image qu'il a de lui-même. Les interrogateurs chevronnés reconnaissent ce moment et savent que le sujet est alors plus ouvert à la suggestion et beaucoup plus susceptible de coopérer qu'avant le choc* ».

Naomi Klein ajoute : « *La stratégie du choc imite la démarche tentant de reproduire, à l'échelle d'une société, les résultats obtenus avec un seul détenu dans une cellule de prison. [...]. À l'instar du prisonnier terrorisé qui donne le nom de ses camarades et renie sa foi, les sociétés en état de choc abandonnent des droits que, dans d'autres circonstances, elles auraient défendus jalousement.* »[1]

Pourtant la stratégie du choc que nous subissons à l'échelon européen n'a pas assommé tout le monde. La jeunesse, en particulier, montre des capacités de résistance. L'injonction de Stéphane Hessel les y a incités, ainsi que les manifestations en Tunisie et en Égypte. Nous pouvons nous attendre à ce que des mouvements d'indignés fleurissent dans plusieurs pays d'Europe, notamment en France. Nous ne pouvons que le souhaiter, car la résignation serait le plus mauvais scénario.

---

1. Central Intelligence Agency, Kubarl Counterintelligence Interrogation, juillet 1963, p. 1, 101. On trouve la version intégrale du manuel déclassifiée sur www.gwu.edu/~nsarchiv. Cité par Naomi Klein, La Stratégie du choc, Édition Leméac/Actes Sud, p. 27 & 28.

Mais que peuvent obtenir des indignés en Europe ? Ils n'ont pas à se battre contre un tyran incarné dans une personne. La tyrannie des marchés financiers est plus insidieuse, plus indirecte. Elle s'exerce sur l'économie réelle qui alors entre en crise, avec toutes les conséquences que nous subissons au niveau de l'emploi et des budgets socioculturels.

Nous ne pouvons pas faire comme à Tunis, au Caire ou à Tripoli. Il n'y a personne à destituer. La dictature de la finance s'exerce notamment par le biais de fonds d'investissement dans lesquels, d'ailleurs, des caisses de retraites et d'assurances des employés victimes de la crise ainsi que des collectivités territoriales, de droite comme de gauche, placent leur argent. Ces fonds spéculatifs ont leur siège en différents points du globe. Ils ne sont pas atteignables par le biais de manifestations sur les places publiques des villes européennes.

Certes, des propositions existent qui pourraient momentanément desserrer l'étreinte de la spéculation. Par exemple, plusieurs voix s'élèvent pour réclamer que la BCE ait le droit de prêter directement aux États, bien que ses statuts le lui interdisent. Une pression populaire forte pourrait abroger les textes des traités de Maastricht et Lisbonne qui règlent ces dispositions. Les États emprunteraient alors à la BCE à un taux bien inférieur à celui des marchés. Le service de la dette s'allégerait très sensiblement. Les sommes ainsi dégagées contribueraient à la diminution des montants nominaux de celle-ci.

Voilà une solution qui semblerait relever du bon sens !

Dans la situation actuelle, elle apporterait une amélioration. Mais, dans le même temps, elle déplacerait le problème d'un cran. En effet, d'où proviendraient les sommes que la BCE prêterait aux États ? Elle ne dispose pas de fonds analogues à ceux des investisseurs. Elle devrait donc créer cet argent, c'est-à-dire faire fonctionner la planche à billets. Au bout de quelque temps, les conséquences s'en feraient sentir sur la valeur de l'Euro et donc sur les prix à la consommation qui finiraient par augmenter, avec toutes les conséquences au niveau de l'économie interne et à celui des exportations.

Autrement dit, une création monétaire par la banque centrale revient à une forme de prêt « consenti » par les citoyens, lesquels, sans en avoir l'air, payent une partie des mensualités par le biais de leurs achats.

En réalité, la spéculation que l'on aurait sortie de l'avant-scène continuerait d'agir sur les marchés monétaires, là où l'Euro rencontre les autres monnaies.

Cet exemple montre qu'il ne faut pas s'arrêter aux causes apparentes. Aujourd'hui, dans l'état de chaos de l'économie, il est urgent d'aller plus loin, de remonter aux causes premières.

En passant directement de l'indignation justifiée et bien intentionnée à une stratégie concrète, nous sauterions des étapes dont nous avons absolument besoin, si nous voulons une révolution durable dans l'économie.

À ma connaissance, aucune révolution déclenchée par l'indignation que crée l'injustice n'a jamais empêché la restauration des anciens pouvoirs ou l'apparition de nouvelles formes de dominations.

Nous avons besoin de diagnostics en profondeur sur l'intérêt, la monnaie, le capital, etc. De là naîtront des conceptions nouvelles et des processus évolutifs. Alors seulement, nous pourrons nous pencher sur la stratégie et la réalisation.

Il est également possible de considérer la situation sous un autre angle.

Regardons comment l'économie réelle est sous le joug de l'économie virtuelle. Si une personne physique subissait une telle maltraitance et que nous ne faisions rien, nous serions accusés de non-assistance à personne en danger. Ici, nous avons affaire à un corps social tyrannisé que nous devons libérer.

Nous introduisons donc une distinction fondamentale dans la façon dont nous considérons l'économie. L'injustice, le manque de solidarité, la pauvreté, la misère ne proviennent pas de l'économie réelle. Nous montrerons que, si celle-ci repose sur ses propres bases, elle n'engendre pas ces maux. C'est à l'économie virtuelle, qui agit à travers elle, qu'il faut les imputer.

Ne nous trompons pas de combat et mobilisons-nous pour celui qui en vaut vraiment la peine, celui qui empêchera le virtuel d'apparaître partout où il cherche à le faire. Dans ce but, nous devons développer une méthodologie et des concepts concrets qui bouleverseront nos conceptions de ce que nous croyons être l'économie.

En réalité, nous devons penser l'impensable.

Chapitre 3

Penser l'impensable

Dans l'éditorial du Monde Diplomatique, de novembre 2008, Serge Halimi écrivait : « *Pendant des décennies keynésiennes, la droite libérale a pensé l'impensable et profité d'une grande crise pour l'imposer* ». L'impensable dont il parlait est la doctrine économique de Milton Friedmann, que ses élèves, ceux que l'on appelait les *Chicago boys*, ont mise en application dans de nombreux pays. Cette doctrine consiste à profiter d'une crise, que l'on aura éventuellement provoquée, pour imposer des mesures ultralibérales à l'ensemble du pays.

Mais les *Chicago boys* n'ont pas seulement pensé l'impensable. Ils l'ont réalisé, provoquant des dégâts incommensurables, dans l'économie, en général, mais aussi dans la vie quotidienne de milliards d'individus, tant dans les pays pauvres que dans ceux que l'on dit développés.

Serge Halimi demande alors : « *Qui proposera la mise en cause du cœur du système (...) ?* ». S'il pose la question de cette façon, c'est qu'il constate que les réformes proposées par tous les courants de la société, de droite, comme de gauche, ne touchent pas le cœur du système. Selon lui, même « *l'autre gauche* », ne devrait pas se contenter de « *dépoussiérer ses projets les plus modestes, utiles, mais tellement timides, sur la taxe Tobin, une augmentation du salaire minimum, un nouveau Bretton Woods, des fermes éoliennes* ».

La crise économique et sociale, qui a éclaté en 2008, et qui se prolonge dans celle de la dette des États, le montre : il s'agit d'aller beaucoup plus loin, d'atteindre ce dont on n'ose plus s'approcher, de peur de passer pour un rêveur, un utopiste, voire un illuminé. Aujourd'hui, aller au cœur du système économique, c'est penser l'impensable. Nous ne pouvons plus reculer. Il nous faut oser, comme les crises nous le montrent chaque jour.

Mais quel est cet impensable ? Nous nous en approcherons si nous revisitons, de fond en comble, quatre domaines d'où sont issus les problèmes qui envahissent l'économie : la monnaie, le capital, le travail et l'immobilier. Ils constituent ce que j'appelle la croix de l'économie. Parvenir à les replacer, comme ils devraient l'être dans la vie sociale, me semble la base d'une transformation en profondeur. Pour que celle-ci puisse prendre corps, dans la vie de tous les jours, il nous faudra faire un pas de plus, en proposant des outils, c'est-à-dire des mesures concrètes favorisant une relation nouvelle de l'être humain à ces quatre domaines.

L'image de la croix de l'économie permet de voir, sous forme de synthèse, les causes de la maladie de l'économie.

Elle est le résultat de trente-cinq années d'observations et de recherches. Je l'ai présentée, pour la première fois, dans mon livre *La Démocratie Évolutive*[1]. Pour chacun des quatre domaines, j'y ai proposé des formes de remèdes.

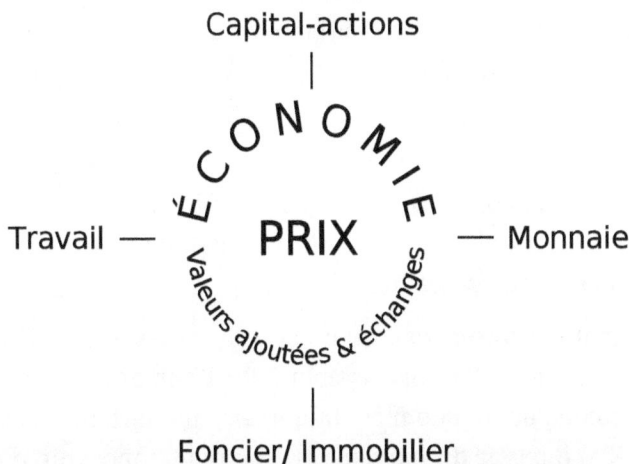

Capital-actions

É C O N O M I E

PRIX

Valeurs ajoutées & échanges

Travail — **Monnaie**

Foncier/ Immobilier

Puis la crise des *subprimes* est survenue, entraînant celle de la capitalisation des banques, suivie par celle de la rareté de la monnaie de prêts et, enfin, celle des fermetures d'entreprises, s'accompagnant d'un chômage considérable. Ce sont donc les quatre domaines de la croix de l'économie qui ont été successivement touchés. J'ai pu y voir une illustration de ce que j'avais écrit.

Dans les conférences et séminaires que j'ai donnés depuis l'éclatement de la crise, j'ai constaté un réel intérêt pour cette approche et surtout pour le fait que des issues apparaissaient comme possibles. Car la plupart des gens

---

1. Michel Laloux, *La Démocratie Évolutive*, 2007 - Éditions Yves Michel

ont l'impression que l'économie fonctionne comme un système sur lequel le citoyen n'a aucune prise. Ils le vivent avec une sorte de fatalisme qui me semble générateur d'angoisse et de mal-être profond.

Le fait d'entrevoir que le citoyen pourrait exercer une influence déterminante sur l'orientation de l'économie apporte rapidement de l'enthousiasme pour travailler ces questions, même si l'on n'est pas nécessairement un spécialiste.

En explorant la croix de l'économie, nous découvrirons les conditions de ce que j'appelle une *Économie à Valeurs Ajoutées Humaines*, c'est-à-dire une économie conçue et organisée pour l'être humain.

Car il est une chose qu'il est indispensable d'affirmer et de fonder : l'asservissement de l'humain aux mécanismes de l'économie n'est nullement une fatalité. Il cesse de l'être à partir du moment où l'on peut concevoir, d'une façon radicalement nouvelle, les quatre domaines de la croix de l'économie.

En premier lieu, nous jetterons les bases d'un système monétaire entièrement au service de l'économie réelle. Nous verrons comment, pour être saine, la monnaie doit perdre son caractère de marchandise pour devenir seulement instrument de mesure de l'échange. Nous ferons alors la distinction entre trois monnaies : la Monnaie de Consommation, celle de Financement et celle de Contribution. Elles seraient libellées dans la même unité de compte (l'Euro, par exemple), mais circuleraient dans des circuits séparés. Nous aurons ainsi une Monnaie de Consommation qui sera le reflet exact des échanges de marchandises et de service ; donc une monnaie stable, ce qui aura une influence sur la façon d'envisager les notions de balance des paiements et de devises, c'est-à-dire ce qui concerne les échanges économiques entre les pays et leur contrepartie monétaire. Ceci nous conduira à une perspective entièrement nouvelle sur la façon de déterminer les taux de changes entre les monnaies qui ne seront plus soumis au jeu de l'offre et de la demande. Nous découvrirons une méthode qui conduira à rapprocher les politiques sociales, salariales et environnementales des pays et qui augmentera les prix à l'exportation pour ceux qui pratiquent le dumping dans ces domaines. Cette façon de faire a le mérite d'inclure dans le processus économique lui-même des incitations à la justice et à l'équité, au lieu de les imposer, de l'extérieur, par les béquilles peu pratiques que sont les sociotaxes, les écotaxes ou la TVA sociale.

Nous pourrons alors nous tourner vers la Monnaie de Financement dont nous verrons qu'elle ne proviendra quasiment pas de l'épargne, mais d'une création monétaire faite par un établissement financier d'un type entièrement nouveau. En effet, il s'agira de baser la valeur de cette monnaie ainsi créée sur d'autres critères que ceux que l'on admet habituellement et qui sont les taux de couverture en fonds propres et de liquidités, nouvellement redéfinis par les accords de Bâle III.

Pour avoir une Monnaie de Financement entièrement au service de l'économie réelle, nous devons lui enlever ce qui l'amène dans la sphère virtuelle, c'est-à-dire ce qui permet de faire de l'argent avec de l'argent. Le premier instrument qui y conduit est l'intérêt. Nous constaterons

les dégâts qu'il cause dans l'économie réelle et proposerons des moyens permettant de s'en passer.

Dès l'instant où nous concevons une économie sans
taux d'intérêt, l'utilité de la banque centrale, dont l'arme
principale est précisément la variation des taux de base,
cette utilité tombe d'elle-même. Nous parviendrons donc
à un nouvel impensable : un système monétaire sans
banque centrale.

Pour saisir la troisième monnaie, nous devrons élargir
la notion d'impôt, en nous souvenant de son ancienne dénomination : les contributions. Regarder l'impôt sous cet
angle, c'est considérer que la société ne peut fonctionner
que si des flux d'argent vont de l'économie marchande
vers l'économie non-marchande. C'est donc introduire la
notion de don en tant que facteur indispensable de la
santé de l'économie. Nous considérerons donc un troisième circuit monétaire : la Monnaie de Contribution. Elle
viendra s'ajouter à celle de Consommation et celle de Financement

Pour chacune de ces monnaies, nous décrirons les institutions monétaires qui les géreront de façons biens
distinctes : Banques de Monnaie de Consommation, Instituts de Financement et Fonds de Monnaie de Contribution.

Il apparaîtra alors que ces nouvelles institutions monétaires offrent un service qui est d'intérêt général, un
service public. En réalité, la gestion de la monnaie ne de-
vrait-elle pas être considérée comme étant de la nature
d'un service public ? Mais le fait de présenter la chose
ainsi pourrait faire croire à une forme de nationalisation

des banques de second rang et de la banque centrale. Il nous faudra donc, au préalable, éviter toute ambiguïté. C'est la raison pour laquelle nous jetterons les bases d'un service public métamorphosé, qui ne procède plus d'un État unitaire, mais des citoyens eux-mêmes, de la société civile.

La crise de la dette souveraine le montre : nous avons besoin de redéfinir les liens entre les États et la monnaie. Nous ferons donc ce détour par le budget de l'État et le Trésor Public. Nous serons conduits à en revisiter entièrement la conception que l'on s'en fait habituellement.

Nous aurons ainsi fait le tour des principales questions qui se posent au niveau national, en ce qui concerne la monnaie. Munis de nouveaux outils, nous pourrons édifier un Système Monétaire International pour l'Économie Réelle géré par les ONG actives dans le domaine monétaire. Nous atteindrons là les limites de l'impensable puisqu'il s'agira de remplacer le jeu politique habituel, à ce niveau, et qui ne fonctionne pas, par une organisation constituée d'un réseau d'institutions qui sont administrées et contrôlées par la société civile.

Lorsque nous aurons acquis les fondements de ce nouveau Système Monétaire International pour l'Économie Réelle (SMIER), nous pourrons, dans le deuxième tome, nous tourner vers les trois autres branches de la croix de l'économie, en premier lieu le capital. De la conception que nous aurons acquise de la création monétaire pour le financement, découlera naturellement une forme de capital qui n'aura plus rien à voir avec l'actionnariat de la société anonyme. Dans l'optique d'une *Économie à Valeurs*

Ajoutées Humaines, celle-ci est appelée à disparaître. Les dégâts qu'elle a causés dans l'économie ne sont plus à prouver. Mais jusqu'à présent, la possibilité de proposer une véritable alternative a manqué ; celle du capitalisme d'État n'en étant pas une, comme l'expérience des pays de l'Europe de l'Est l'a montrée.

Le nouveau type de Monnaie de Financement que nous proposons permettra de résoudre ce problème crucial et de considérer le capital, non plus comme un objet de possession, mais comme un prêt consenti à l'entreprise, donc remboursable. Il en résultera une double question : qui est propriétaire de l'entreprise et à qui vont les bénéfices d'exploitation ?

Il ne s'agira pas de remplacer l'actionnariat anonyme par un actionnariat des collaborateurs. Il convient de penser autrement en matière de bénéfice et également d'impôt. Il apparaîtra alors que les surplus dégagés par une entreprise devraient servir à financer sept domaines différents et que la santé, à la fois de l'entreprise et de la société, en dépend.

Nous aurons alors un outil indispensable pour aborder la troisième branche de la croix de l'économie : le travail.

La séparation du salaire et du travail est une idée qui fait de plus en plus son chemin et qui est évoquée par plusieurs penseurs de l'économie. L'on parle notamment d'une allocation universelle. Mais les outils pour la réaliser manquent encore, d'une part parce que l'on reste au sein du même type d'organisation monétaire et capitalistique ; d'autre part parce que l'on développe une vue essentiellement idéaliste de ce problème. Car si l'on allait jusqu'à le penser concrètement, l'on cernerait mieux où il se situe. Une observation qui englobe l'ensemble de la vie économique, qu'elle soit marchande ou non-marchande, montre qu'il ne manque pas de places de travail. Bien au contraire, dans les pays que l'on dit développés, il n'y a pas suffisamment de personnel pour répondre à l'ensemble des besoins. Le problème réside donc dans le fait que l'organisation actuelle du capital et de la monnaie ne permet pas que l'argent de rémunération arrive là où il est nécessaire qu'il soit. C'est donc cette question que nous aurons à considérer en tout premier lieu. Elle nous conduira à proposer, à la place du contrat de travail, un double contrat : l'un pour la collaboration, l'autre pour la rémunération.

Nous aurons alors les bases pour aborder les retraites. Nous verrons qu'il s'agit là d'une question aussi mal posée que celle du chômage. Le capitalisme du désastre, enfermé dans sa propre logique, essaye d'inculquer aux peuples l'idée que les régimes de retraite seront bientôt en faillite et qu'il faut reculer l'âge où l'on peut cesser de travailler. La séparation du salaire et du travail, telle que nous la proposons, montrera à quel point cette pensée est insuffisante et qu'il existe une alternative.

Mais il y a d'autres raisons pour lesquelles la séparation du travail et du salaire est une nécessité. Elles sont plus subtiles et n'apparaissent que lorsque l'on considère l'ensemble de la vie sociale, en particulier la notion de créativité, au sens le plus large possible. Nous aurons donc à examiner les conséquences économiques de son développement.

Nous aurons ainsi parcouru les trois quarts de la croix de l'économie. Mais celui qui portera un regard attentif sur cette approche nouvelle, même s'il l'approuve, ne manquera pas de constater qu'il manque une partie du financement nécessaire. Quelle que soit la clé de répartition que l'on choisisse, la quantité de monnaie dégagée par l'économie marchande sera insuffisante pour alimenter le développement de l'économie non-marchande. À moins d'apporter les transformations indispensables dans le domaine de l'immobilier et du foncier.

Nous touchons là une question vitale pour la santé d'une *Économie à Valeurs Ajoutées Humaines*. Mais elle rencontrera, sans doute, les plus fortes résistances, puisqu'elle ne touche pas uniquement les riches, ceux que l'on appelle les nantis, mais toute personne qui possède des terres ou un logement. Car il s'agira de regarder ce qui se passe dans l'économie lorsqu'un bien a déjà été payé intégralement et que l'on continue d'en demander un prix.

En répondant à cette question, nous mettrons en évidence que la notion de loyer devrait être remplacée par celle de droit d'usage, lequel sera alors inférieur au montant des loyers actuels. Ainsi, la part des salaires qui sert à payer les loyers pourra diminuer en proportion. Sur l'ensemble d'un pays, une telle mesure fera baisser considérablement ce que l'on appelle la masse salariale, sans que le niveau de vie de chacun diminue, sauf celui de ceux qui tirent leurs revenus de la location de logements. L'argent qui sera ainsi dégagé fournira le complément nécessaire au financement de l'économie non-marchande.

En explorant cette quatrième branche de la croix de l'économie, nous constaterons à quel point l'*Économie à Valeurs Ajoutées Humaines* est éloignée de celle du capitalisme du désastre. Aujourd'hui, le fossé qui les sépare est devenu un abîme dans lequel toute civilisation risque de s'engloutir. À moins que nous ne nous décidions, en tant que citoyens, à arrêter ce qui creuse cet abîme et que l'on appelle spéculation, laquelle engendre l'économie virtuelle ? Or l'économie sera à valeurs humaines lorsqu'elle sera réelle et uniquement réelle.

Il convient donc que la société se dote d'outils qui permettent d'empêcher la spéculation de se former à l'instant où elle cherche à le faire. Nous ne pouvons attendre des systèmes politiques actuels qu'ils prennent les mesures nécessaires. Il appartient aux citoyens de l'imposer. Mais, à l'exception de la Suisse, aucun pays ne possède entièrement les instruments leur permettant d'intervenir directement et totalement dans la démocratie, en changeant les lois. Globalement, nous ne disposons pas du *minimum vital* d'une véritable démocratie qui permettrait que le citoyen la fasse évoluer directement, à la mesure et à la vitesse que réclame l'évolution sociale. Pourtant ces instruments sont simples. Ce sont le *droit d'Initiative Législative Populaire* et le *droit de Référendum Législatif Populaire*, deux notions bien distinctes que les nouvelles dispositions de la Constitution française mélangent.

Nous voyons ainsi que la transformation de l'économie, telle que je la propose, passe par un changement dans la forme de nos démocraties. Nous devrions entrer dans une nouvelle ère qui est celle de la *Démocratie Évolutive*.

Chapitre 4

Crise de la dette :
un déficit de la pensée économique ?

Les multiples dysfonctionnements de l'économie se cristallisent actuellement en différents points de la vie sociale. Parmi eux, il y a, bien sûr, la dette des États. Cette crise a plusieurs causes et chacune a contribué à lui faire prendre des proportions abyssales. Citons, notamment, l'interdiction pour les Banques Centrales des pays de l'UE, en particulier la BCE, de créer de la monnaie qui serait mise à disposition des États, à taux faibles, voire sans intérêts. Par exemple, fin 2012, la dette française s'élèvait à 1'830 milliards d'Euros. Si, depuis 1973, l'État avait pu emprunter à taux zéro, la dette aurait été proche de 400 milliards. La différence est énorme et l'on peut imaginer l'impact sur l'économie. La France ne consacrerait pas 49 milliards (soit 82 % de l'impôt sur le revenu ou 109 % de celui sur les sociétés) à payer les intérêts annuels de sa dette.

Mais ces faits sont, en eux-mêmes, des causes secondaires, voire tertiaires. Derrière eux se trouve notre façon de concevoir l'économie. C'est d'elle que tout le reste découle. Or si l'on y regarde de plus près, il s'avère que la pensée économique n'est pas suffisamment précise pour être en mesure de remonter aux causes premières. Nous allons l'illustrer en prenant un exemple particulier.

Dans les milieux de l'économie « alternative », on se réfère fréquemment à une sorte de fable monétaire, celle de la Dame de Condé. Elle met en scène une voyageuse qui prend une chambre dans un hôtel de Condé et la règle à l'avance, avec un billet de 200 €. Grâce à cet argent, l'hôtelier solde une dette auprès d'un fournisseur, lequel, à son tour, paye une facture du même montant à un autre commerçant. Le billet passe ainsi de boutique en boutique jusqu'à arriver chez quelqu'un qui doit 200 € à l'hôtelier et vient s'en acquitter aussitôt. À ce moment, la voyageuse qui, au lieu de monter directement à sa chambre, était sortie se promener, revient et décide de quitter la ville. L'hôtelier la rembourse avec le billet initial, lequel, entre-temps, a servi à régler les dettes de sept commerçants.

Pour pousser la logique de cette histoire jusqu'au bout, certains ajoutent une fin imprévue : la Dame déchire le billet devant l'hôtelier ébahi et lui tend les morceaux en lui disant qu'il s'agissait d'un faux.

Cet argent a donc joué le même rôle qu'un catalyseur, en chimie. Il a permis une réaction en chaîne. Il est entré dans un circuit et en est ressorti identique à ce qu'il était. Certains économistes y voient là une illustration de ce qu'ils croient être le principal problème monétaire : l'insuffisance de monnaie en circulation. Ils en déduisent que l'injection de monnaie dans le circuit serait le remède. Il suffirait de créer la monnaie nécessaire, et au bon endroit, pour que l'économie fonctionne. Mais comme la création monétaire est entre les mains des banques privées, appuyées par la Banque Centrale, ils préconisent de créer des monnaies locales ; ou même que l'État introduise une telle monnaie dans l'économie non-marchande ; ou encore que la Banque Centrale soit nationalisée et puisse prêter, sans intérêt, à l'État

D'une façon ou d'une autre, derrière ces propositions, il y a toujours un raisonnement analogue à celui qui soustend la fable de la Dame de Condé. On peut même avancer que c'est cette idée qui a conduit à l'invention de cette histoire.

Remarquons que ce mode de pensée n'a rien de nouveau ni d'alternatif. Il est celui qui règne au sein de toutes les banques centrales, dont le rôle principal est de régler la quantité de monnaie en circulation de façon à optimiser l'économie. Tout au moins, c'est ce que soutient la théorie économique et c'est ce à quoi s'essayent les banquiers centraux qui ont été abreuvés de ces théories, lors de leurs études. Au vu du fonctionnement désastreux de l'économie, il serait peut-être utile de revisiter ces notions. Le fameux billet de la Dame de Condé peut nous aider à faire le premier pas.

Lorsque j'ai découvert cette histoire, je l'ai trouvée lumineuse et j'ai été séduit. Puis, un jour, je me suis décidé à la penser réellement. Je me suis alors aperçu que mes yeux suivaient le cheminement de ce billet et ne regardaient pas les faits économiques sous-tendant la situation

des commerçants. Car, en fait, quel est leur problème ?
Ils ont tous une difficulté de trésorerie. Avant de déclarer
qu'il s'agit d'une question monétaire, il serait judicieux de
s'interroger sur les causes de cette insuffisance de trésorerie. On s'apercevrait alors qu'ils ne vendent pas assez
de prestations ; ou qu'ils ont trop de stocks ; ou bien
qu'ils ont une gestion défectueuse ; ou encore que certains de leurs débiteurs placent leur argent au lieu de les
payer, bloquant ainsi toute la chaîne...

Cette histoire montre d'elle-même que la cause du
problème réside dans l'économie réelle et non dans la
quantité de monnaie en circulation. Notre regard devrait
s'habituer à suivre les phénomènes économiques d'une
façon beaucoup plus précise et à ne pas se laisser abuser
par ce qui, au fond, est un écran de fumée. Car c'est ce
qui se passe si nous sommes obnubilés par ce billet de
200 € qui passe de main en main.

Cette fable pourrait d'ailleurs nous enseigner d'autres
choses. La première : si les commerçants se réunissaient
autour d'une table, ils découvriraient que la somme des
dettes et créances qu'ils ont les uns envers les autres est
nulle. Autrement dit, du point de vue de la comptabilité,
elles se compensent mutuellement.

Si l'on poursuivait cette idée, on arriverait à une tout
autre conception, celle de la monnaie-comptabilité dans
laquelle nous sommes déjà, en grande partie, avec ce que
l'on appelle la monnaie scripturale. Lorsque nous effec-
tuons des virements ou des paiements par carte bancaire,
tout se passe dans la comptabilité des banques, des entreprises et des particuliers. L'argent est dématérialisé. Il

est un jeu d'écritures comptables. Il est une pure unité de compte.

La notion de quantité de monnaie en circulation ou, comme l'on dit, de masse monétaire devient alors totalement hors de propos[1]. Le problème est que nous sommes toujours attachés à cette conception. Cette attitude « anachronique » a d'énormes répercussions dans l'économie actuelle. Si nous portions le regard au bon endroit, nous le verrions et nous trouverions des remèdes efficients.

La chute de l'histoire de Condé nous invite d'ailleurs à poser un autre regard sur l'argent. C'est comme si la Dame, en déchirant le faux billet, nous disait : « Regardez, vous n'avez plus besoin d'espèces sonnantes et trébuchantes. De toute façon, elles étaient fausses. Mon billet a permis une compensation des dettes. Vous auriez pu y procéder directement. » Autrement dit, c'est en regardant dans la comptabilité que l'on pourra s'interroger sur les causes des problèmes.

Cette fable nous montre une économie malade. L'hôtelier, dont le commerce ne semble déjà pas florissant, utilise l'argent d'une prestation payée d'avance, mais non encore consommée. Que se serait-il passé si, au lieu du « happy end », son débiteur, le dernier commerçant, avait d'autres dettes et avait choisi de privilégier leur remboursement plutôt que d'aller chez l'hôtelier ? Celui-ci se serait trouvé dans une situation embarrassante vis-à-vis de la Dame. Toute l'histoire apparaîtrait alors comme s'il avait emprunté et se trouvait dans l'impossibilité de la rembourser. Il aurait donc payé ses dettes grâce à un prêt.

---

1. Voir chapitre *L'illusion de la masse monétaire*.

Or c'est bien ce que voudrait montrer l'auteur de cette histoire : il suffit d'injecter de la monnaie, donc d'en créer, pour faire fonctionner l'économie. Il y a là une grande confusion que l'on retrouve, poussée à l'extrême, dans la crise actuelle, celle de la dette des États. On finance du fonctionnement courant avec de l'emprunt. Le prêt sert à masquer des insuffisances économiques passées au lieu de venir alimenter la création tournée vers l'avenir.

Ici nous sommes confrontés à l'une des grandes causes des difficultés actuelles : la confusion entre ce que j'appelle la Monnaie de Consommation et la Monnaie de Financement.

Le fait qu'aujourd'hui l'on veuille séparer les activités de dépôts et celles qui sont liées aux opérations financières, au sein du système bancaire, est une manifestation d'un début de prise de conscience du problème. Mais on est encore loin d'en avoir saisi les aspects principaux.

En réalité, l'histoire de la Dame de Condé montre le contraire de ce qu'elle est censée prouver. L'injection de monnaie dans ce circuit local, par l'arrivée de la Dame, n'a rien résolu. L'ensemble des dettes était globalement stable. Le fait qu'elles se soient mutuellement soldées n'apporte rien à la réalité économique de ces acteurs. Ils se retrouvent avec les mêmes problèmes. Du point de vue de l'économie réelle, leur situation n'a pas évolué. Il est intéressant de constater que ce billet de 200 € n'entre pas dans l'économie réelle. Il n'a pas contribué à créer des valeurs, c'est-à-dire des biens et des services.

Travailler sur cette observation pourrait nous conduire à inverser notre conception de la Monnaie de Consommation. Dans ce domaine, la monnaie apparaît à la suite d'une création de valeurs et de son échange. Elle n'en est que la comptabilisation. Vouloir la faire préexister, c'est-à-dire l'injecter depuis la Banque Centrale ou une banque de second rang, dans le circuit économique, c'est se tromper de registre. Car la création monétaire ne saurait intervenir qu'à la suite d'un crédit en vue d'un financement de nouvelles activités et non régler des problèmes de consommation courante et de fonctionnement des entreprises ou des institutions.

Cette fable pourrait sembler anecdotique, surtout si l'on considère l'ampleur des problèmes à résoudre. Pourtant elle en révèle une grande partie et nous offre l'occasion de nous exercer à penser les phénomènes avec beaucoup plus de précisions qu'on ne le fait d'habitude. Nous avons ainsi pu plonger dans les faits. En procédant de même pour d'autres situations, nous aiguiserons notre capacité à suivre, du regard, leurs évolutions et leurs conséquences sur l'ensemble de l'économie et de la vie sociale.

Cette histoire aura permis d'illustrer la cause première des crises que nous traversons : un déficit de la pensée économique qui fait de nous des êtres impuissants face au rouleau compresseur de la finance.

Chapitre 5

Une Monnaie pour l'économie réelle

Venant des penseurs et des acteurs d'une économie alternative, qui se veut plus respectueuse de l'humain, les propositions ne manquent pas. Elles visent à améliorer le revenu des travailleurs, à partager la richesse, à supprimer la pauvreté et la faim, à instaurer une autogestion des entreprises, à mettre fin aux excès du capitalisme sauvage, à s'orienter vers un respect de l'environnement, etc.

Nous pourrions allonger la liste. Chaque proposition est portée par de bonnes intentions et un souci sincère d'humanité. Le problème est qu'elles ne touchent pas aux fondamentaux du système. Elles cherchent plutôt à aménager celui-ci, sans aller jusqu'à repenser le cadre lui-même. Nous pouvons même nous demander si ce manque d'analyse des causes premières ne se traduit pas par un manque de confiance, de la part du peuple, en la capacité de ceux qui font ces projections à réellement changer les choses. Ainsi il se produit que les maux que l'on voudrait combattre ne cessent de se multiplier et de gangrener la société. Partout dans le monde, la pauvreté s'accroît, l'écart entre les revenus augmente et la faim tenaille chaque jour l'équivalent de la population mondiale du milieu du siècle passé.

La crise économique actuelle ne fait que renforcer cette tendance et vient mettre en relief la maladie dont souffre l'économie. Nous sommes aujourd'hui à un tournant. Saurons-nous le prendre ou continuerons-nous à aller là où visiblement nous nous dirigeons : dans le mur ? Si nous ne parvenons pas à résoudre les questions qui nous sont posées, depuis des décennies, et qui surgissent de façon renforcée depuis 2007, nous risquons de vivre des chocs plus forts que ceux que nous vivons, en ce moment. On ne peut alors exclure que nos civilisations soient secouées par de nouvelles formes de barbarie qui en marqueraient le déclin.

Depuis la fin des années 80, il y a pourtant eu des mouvements qui semblaient pouvoir mettre en pratique des idéaux populaires forts ; en particulier le syndicat Solidarnosc, en Pologne, et l'ANC, en Afrique du Sud. Ces mouvements se sont retrouvés aux commandes de leurs pays respectifs. Ils avaient tout en main pour réaliser une transformation du capitalisme en prenant des mesures en faveur de l'autogestion des entreprises. Tous les deux l'avaient inscrite dans leurs programmes. Pourquoi ne l'ont-ils pas fait ?

Dans son livre « *La stratégie du choc* »[1], Naomi Klein retrace l'enchaînement des événements qui ont conduit à

---

1. Naomi Klein, La Stratégie Du Choc - La montée d'un capitalisme du désastre, 2008 - Acte Sud.

une volte-face identique de ces mouvements. Elle montre les fortes pressions qui se sont exercées de la part des conseillers envoyés par les institutions financières internationales (Fonds Monétaire International et Banque Mondiale).

Dans les deux cas, ceux qui étaient en position de décider ont plié face aux spectres que brandissaient lesdits conseillers. La peur les a fait reculer et tourner le dos à leurs idéaux pour lesquels ils s'étaient battus pendant des années, parfois au péril de leur vie. Cette peur c'était celle de voir fuir les capitaux dont l'économie avait besoin. Les conseillers du FMI et de la BM n'avaient aucune difficulté à dépeindre le tableau des catastrophes en série qui allaient survenir si les investisseurs renonçaient à placer leurs capitaux dans ces pays : récession, fermeture d'entreprises, chômage, chute de la monnaie, etc. Le mécanisme est bien connu.

On peut être étonné de constater que tout changement répondant à des idéaux humains, dans le domaine de l'économie, puisse être bloqué par un mécanisme aussi simple. La menace de quelques gros investisseurs suffit à mettre en échec des mouvements porteurs d'espérances fortes et rassemblant des millions de personnes. Nous risquons d'assister à la répétition de ce scénario avec les récents mouvements des *Indignés*, en Tunisie, Égypte, etc.

Mais, au risque de décevoir ceux qui aspirent à une meilleure justice sociale, il faut bien constater que, dans la logique de l'économie actuelle, les conseillers du FMI et de la BM ont raison. Leurs arguments sont imparables.

Les responsables de Solidarnosc et de l'ANC l'ont bien compris. Ils n'ont pas trahi leurs idéaux. Confrontés à la réalité, ils ont constaté que ceux-ci étaient inapplicables, comme le seront toutes les propositions qui pourraient conduire à une diminution de la rémunération des investissements.

Par exemple, un parti peut toujours inscrire dans son programme des mesures telles que celle de faire passer immédiatement le SMIC de 1'000 à 1'500 € nets, par mois. Si ce parti arrivait au pouvoir, il ne pourrait jamais réaliser une telle mesure, car il serait confronté à la menace de la fuite des capitaux et à l'enclenchement d'un scénario de récession. Pour contourner ce problème, le parti pourrait s'orienter vers les nationalisations des banques et des entreprises. Mais, depuis l'expérience des pays de l'Est, on sait que cette voie-là n'a pas d'issue.

Alors, sommes-nous en train de constater que le progrès social, ainsi qu'une *Économie à Valeurs Ajoutées Humaines* sont impossibles ? Sommes-nous en contradiction avec l'objet du présent ouvrage ?

Oui tant que nous ne penserons pas l'impensable.

La plupart des courants de pensées allant dans le sens d'une humanisation plus grande de l'économie ont en commun d'inscrire leurs propositions dans un cadre qui, lui, n'est pas remis en cause. Ce cadre, c'est celui de la monnaie. Tant que nous en resterons à une monnaie conçue telle que le sont toutes les monnaies existant dans le monde, aucune transformation ne pourra se faire. Pour la simple raison que ceux qui détiennent cette monnaie-là ont la possibilité d'en priver ceux qui montreraient des velléités d'agir autrement.

Penser l'impensable consiste donc, en premier lieu, à imaginer une forme de monnaie qui rende inutile le recours à celle que détiennent ceux qui veulent empêcher l'*Économie à Valeurs Ajoutées Humaines*. La monnaie qui pourrait ainsi voir le jour devrait être de nature telle que l'on puisse dire aux investisseurs : « vous pouvez vous enfuir avec vos capitaux et les placer dans un autre pays. Nous n'en avons plus besoin. Nous avons la capacité de créer l'argent de financement nécessaire à la marche de notre économie, et ce, de la façon la plus stable qui soit ».

Nous allons donc repenser la monnaie et dégager ce qu'il lui faudrait pour répondre aux critères d'une économie saine, c'est-à-dire d'une *Économie à Valeurs Ajoutées Humaines*.

Nous ne serons pas les premiers à imaginer d'autres moyens de paiements. Depuis quelques années, un nombre croissant d'ouvrages traitent de cette question. Des expériences sont également faites, parfois sur une échelle déjà grande. Nous parlerons de ces expériences, sans toutefois y consacrer trop d'espace[1]. Nous verrons en quoi elles sont souvent basées sur une confusion, comme nous l'avons déjà signalée dans le chapitre précédent.

Dans le tome 2, nous aborderons les trois autres branches de ce que j'appelle *la croix de l'économie*[2]. Il va de soi, qu'il n'est pas possible de les traiter simultanément. Inévitablement, en lisant ce qui est dit sur la monnaie, le lecteur se posera des questions qui auront trait aux autres domaines et qui seront abordées dans les chapitres correspondants. Il devra donc en tenir compte. Ce

---

1. Voir chapitre *Ne nous trompons pas de combat*.
2. Voir schéma p. 21.

n'est qu'à la fin du deuxième tome qu'il sera en mesure de se faire une image de l'ensemble.

Nous ne pouvons nous orienter vers une *Économie à Valeurs Ajoutées Humaines* sans élaborer une vision globale de l'économie. Des réformes qui ne seraient qu'un ajustement mécanique et qui ne procéderaient pas de cette globalité ne sauraient avoir un effet durable.

Nous ne sommes pas en train de dire que la totalité de l'économie devrait être réformée en une fois. Ce serait illusoire et contraire à la notion de *Démocratie Évolutive*. Des étapes et des paliers seront nécessaires. Des mesures partielles pourront être introduites. Elles auront la possibilité d'apporter une amélioration effective dans la mesure où elles s'inspireront d'une vision d'ensemble de l'*Économie à Valeurs Ajoutées Humaines*.

Chapitre 6

Un nouveau Bretton Woods ?

Avec la crise du système bancaire et celle de la dette des États, il a beaucoup été question de Bretton Woods. Certains dirigeants politiques voudraient, à l'image de ce qui s'est passé en juillet 1944, une nouvelle conférence internationale pour définir des règles financières susceptibles d'éviter des catastrophes telles que celles que nous vivons depuis 2007.

Avant d'imaginer de nouvelles bases, il serait utile de remonter jusqu'aux causes réelles de l'échec de Bretton Woods. On a souvent dit qu'il provenait de l'énorme avantage que s'étaient réservés les Américains, par la parité fixe du dollar par rapport à l'or, les autres monnaies devant s'ajuster et donc fournir les efforts nécessaires.

À mon sens, ceci n'est pas le problème principal, bien qu'il ait eu des effets dévastateurs en accélérant et en amplifiant les manifestations d'une maladie qui était déjà là depuis longtemps.

Même sans la possibilité du « déficit sans pleurs », comme l'appelait Jacques Rueff, même si le plan Keynes avait été adopté (alors qu'il apportait des éléments très novateurs), le Système Monétaire International établi à Bretton Woods aurait connu de graves crises qui l'auraient conduit à l'implosion.

Avant d'envisager de prendre de nouvelles mesures, il convient donc de regarder quels étaient les objectifs de cet accord et pourquoi il portait en lui les germes de son autodestruction.

En dehors des querelles de suprématie entre la livre sterling et le dollar, l'objectif de Bretton Woods, celui qui était affiché, était d'établir une relation entre les monnaies qui permette à la fois l'expansion de la masse monétaire de chaque pays, en fonction de la croissance de l'économie et, dans le même temps, la stabilité des monnaies, les unes par rapport aux autres. L'objectif final était que le développement du commerce mondial ne soit pas entravé par le manque de monnaie, d'une part, et par l'instabilité des taux de changes des devises entre elles, d'autre part.

Nous reviendrons sur le premier objectif. Examinons d'abord le deuxième, en nous demandant ce qui permet la stabilité d'une monnaie.

Au cours des années, les banques centrales et les gouvernements ont utilisé plusieurs mécanismes pour agir sur le taux de change de leur monnaie nationale, vis-à-vis des autres. Actuellement, la mesure la plus courante consiste à agir sur le taux de base de la Banque Centrale, c'est-à-dire le taux d'intérêt que devront payer les banques de second rang pour obtenir de l'argent de la part de la Banque Centrale. Nous traiterons plus loin la question de l'intérêt. Notons déjà que la méthode consiste à agir, de l'extérieur, sur la monnaie et non à partir de quelque chose qui lui est inhérent.

La monnaie permet de déconnecter la vente de l'achat de marchandises et ce sur trois niveaux : dans le temps (je peux vendre aujourd'hui et acheter demain ou dans six mois) ; dans l'espace (je vends ici, j'achète ailleurs) ; entre les acheteurs (je vends à Paul, j'achète à Nicole). Ce sont ces trois éléments qui ont fait que la monnaie est apparue en remplacement du troc, lequel impliquait l'unité de temps, de lieu et de personnes.

Si nous considérons ainsi la monnaie, dans sa genèse, nous voyons qu'elle n'est qu'un droit à consommer une certaine quantité de marchandises. Avec 100 €, je peux acheter une paire de chaussures ou bien des fromages, ou encore de l'essence. Le billet de 100 € a servi, dans un premier temps, à comptabiliser la vente. Maintenant, il comptabilise l'achat.

Considérée ainsi, la monnaie est une unité de compte. Si elle se cantonne à ce rôle, alors elle ne peut être que stable. Elle ne peut varier en elle-même. Seul le prix des marchandises peut changer. La monnaie est d'abord et avant tout un instrument de mesure. Le mètre reste le mètre, de même pour le kilo ou le litre. Les unités de mesure sont fixes. Pourquoi la monnaie ne l'est-elle pas ? La réponse à cette question est essentielle pour comprendre l'un des problèmes les plus importants de l'économie moderne. Pour y parvenir, il nous faut remonter au moment de l'apparition de la monnaie.

Lorsque les êtres humains se sont rendus compte des limites du troc, lorsqu'ils ont senti le besoin de découpler la vente de l'achat, ils ont utilisé un moyen de paiement qui pouvait être accepté par tous. Ce fut, principalement, l'or. D'autres métaux furent utilisés. Mais pour nos considérations, il n'y a pas de différences fondamentales. L'or était une marchandise. Le passage du troc à la monnaie a consisté à privilégier une marchandise particulière pour en faire un moyen de paiement. L'or permettait de comptabiliser la vente et l'achat. Il pouvait également être stocké comme n'importe quelle marchandise et même mieux qu'aucune autre puisqu'il est inaltérable. Posséder de l'or, c'était avoir La Marchandise par excellence, celle qui permettait d'acquérir toutes les autres.

Essayons d'embrasser d'un seul regard l'évolution de la monnaie. Nous voyons l'or se retirer, par étapes, de la circulation monétaire. D'abord les pièces contiennent de moins en moins de métal précieux. Puis apparaissent les billets de banque qui sont convertibles en or jusqu'au début de la Première Guerre mondiale, environ. Dès cette époque, l'or monétaire ne circule plus qu'entre banques centrales.

Un peu plus tard, le système monétaire de Bretton Woods lui accorde une place prépondérante puisque la valeur de chaque monnaie est déterminée à partir des réserves en or et en devises de sa banque centrale. Mais les accords sont faits de telle façon que les devises sont toutes amenées à se positionner par rapport au dollar dont la parité avec l'or est fixe.

Autrement dit, les réserves des banques centrales sont toujours étalonnées, en dernier ressort, par l'or. Tout au moins le pensait-on ainsi, en 1944.

À cet endroit, nous trouvons face à un phénomène étrange de la conscience humaine. Nous la voyons incapable de changer de paradigme et de se mettre en phase avec l'évolution de l'économie. Comme cela arrive dans d'autres domaines, en particulier dans celui de la démocratie, l'être humain s'accroche à des formes anciennes, sans se rendre compte qu'elles ne répondent plus du tout aux besoins du moment et entravent même une saine évolution des choses.

Avec le recul, nous pouvons nous étonner que l'on ait persisté, en 1944, dans un système monétaire basé sur l'étalon-or. Il aurait dû paraître évident que la production mondiale d'or ne suffirait pas à faire face à la croissance de l'économie. Autrement dit, la quantité de monnaie nécessaire aux échanges commerciaux allait devenir telle qu'elle serait adossée à une proportion d'or toujours plus réduite.

À Bretton Woods, la couverture or des monnaies aurait dû apparaître comme une chose impossible, appartenant à un passé révolu. Les événements se sont chargés de le confirmer. Aujourd'hui, l'or monétaire n'a plus qu'un rôle de figuration dans le fonctionnement du SMI.

Il se trouve pourtant des gens qui estiment que l'une des causes des dérèglements de l'économie réside dans l'abandon de la couverture or, en 1973, par le président des États-Unis.

Pour défendre une telle position, il faut être peu au courant de l'évolution du Système Monétaire International au cours des années 60 et, en particulier l'épisode tragi-comique du pool de l'or. Une étude un peu attentive

montre que la défense de l'étalon-or était devenue intenable et que si Richard Nixon a pris cette décision, c'est
qu'il ne pouvait pas faire autrement.

Certains penseront que les États-Unis étaient dans
cette situation en raison de leur laxisme monétaire qui
avait conduit à la création de la bulle des eurodollars.
Certes, celle-ci a accéléré la prise de conscience du décalage existant entre la masse de dollars et le stock d'or
détenu par la Federal Reserve Bank. Mais même sans les
eurodollars, ce décalage existait déjà et il ne pouvait que
croître. Pour s'en convaincre, il suffit de regarder qu'en
1973, le stock d'or de la Fed s'élevait à 8'600 tonnes pour
un PIB de 1'400 milliards de dollars. En 2012, ce PIB
s'élève à 15'600 milliards et le stock d'or est à un peu
plus de 8'100 tonnes. Autrement dit, la part de la couverture or rappportée au PIB représente 8.5 % de ce qu'elle
était en 1973[1].

À l'évidence, un tournant n'a pas été pris à Bretton
Woods. Un modèle n'a pas été remis en cause et il ne l'est
toujours pas. Une observation plus attentive de l'évolution de la monnaie aurait dû conduire à constater que
celle-ci s'éloignait de son état natif qui était celui de la
marchandise. Elle devait s'émanciper de son origine et
sortir de la tension illustrée par le schéma suivant :

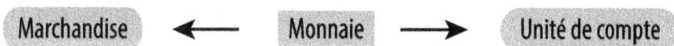

Marchandise ← Monnaie → Unité de compte

La monnaie vit dans une tension permanente entre ces
deux attributs. Les économistes s'en accommodent en disant qu'elle les possède tous les deux. Dans la perspective d'une *Économie à Valeurs Ajoutées Humaines*, nous

---

1. On trouvera une courbe de l'évolution du stock d'or des USA à l'a-
dresse: http://www.les-crises.fr/40-ans-d-incurie-monetaire/.

posons la question autrement : comment faire en sorte que cette tension se résolve ; que la monnaie cesse d'être une marchandise, un avoir, pour ne devenir qu'une unité de compte, un instrument de mesure de l'échange de valeurs économiques ?

Du fait du conservatisme de la pensée économique, cette question n'a pas émergé au cours du XX °siècle. Les économistes ne se sont pas élevés jusqu'à une observation systémique qui aurait pu les conduire à remettre en cause la fatalité qui consiste à dire que la monnaie est condamnée à être à la fois marchandise et unité de compte. Il est même probable que nombreux seront ceux qui, en lisant ces lignes, se diront d'emblée qu'il est impensable de vouloir résoudre cette dualité de la monnaie.

Or c'est précisément cet impensable qu'il nous faut penser si nous voulons un nouveau Bretton Woods qui soit réellement nouveau et non pas un de ces accords internationaux qui font du neuf avec du vieux.

Chapitre 7

Économie réelle VS économie virtuelle

Le célèbre financier Georges Soros qui a bâti sa fortune en spéculant sur les monnaies a déclaré : « *Il y a quelque chose d'indécent à gagner tant d'argent avec de l'argent* ». Ce constat est intéressant de la part de quelqu'un qui a une longue expérience dans la vente et l'achat de devises, à grande échelle, et qui donc, durant toute sa carrière, a considéré la monnaie comme une marchandise.

Je vends du Dollar, j'achète de l'Euro, je joue le Yen contre la Livre... La monnaie est traitée comme une matière première ou un bien de consommation. Or il est évident qu'elle ne l'est pas. Du cuivre, par exemple, servira à la fabrication de fils électriques. En tant que matière première extraite du sol, il est dans l'économie réelle.

La monnaie ne correspond à aucun processus de cette économie. Elle n'en fait pas partie. Ce n'est pas dans sa nature puisqu'elle est un droit à consommer. La monnaie relève du domaine du droit, de la convention, et non de l'économie réelle.

Dès l'instant où nous en faisons une marchandise, en la vendant elle-même, nous la faisons pénétrer dans une économie qui n'est pas réelle, mais virtuelle. Nous créons un monde parallèle à celui de l'économie quotidienne.

Comment le premier agit-il sur le second ? Un exemple très simple le montrera. Un financier vend dix millions d'Euros contre des dollars, avec lesquels il va jouer sur les marchés monétaires, vendant et achetant tour à tour des Yens, des livres sterling, des francs suisses, etc. Après quelque temps, il rapatrie cet argent qui, dans l'intervalle, est devenu 11 millions d'Euros. Il a donc gagné 10 % de sa mise initiale, à la faveur de ces opérations. S'il s'agit d'un financier « repentant » tel que Georges Soros, nous pourrions nous réjouir d'un tel gain, en nous disant qu'il ira alimenter les œuvres philanthropiques de ses fondations. Mais suivons plus précisément ce qui s'opère au moment du rapatriement de ces capitaux.

Dix millions d'Euros sont sortis de la zone euro. Lors de la conversion en retour, celle-ci doit fournir 11 millions. La masse monétaire de la zone euro va s'accroître d'un million. Quel que soit le chemin pris pour convertir ces fonds, tout reviendra, en définitive, à la création d'un million d'Euros par la Banque Centrale Européenne.

Cette augmentation de la masse monétaire[1] ne provient pas d'une augmentation du volume de l'économie

---

1. Nous employons l'expression *masse monétaire* dans le sens habituel, puisqu'il s'agit de création monétaire telle qu'elle se fait actuellement. Il n'y a donc pas de contradiction avec ce qui est dit au chapitre *L'illusion de la masse monétaire*.

réelle. Un décalage s'est produit. Ce qui revient à une perte de valeur de la monnaie qui conduira à une pression à la hausse sur les prix. Si d'autres facteurs n'interfèrent pas, les prix augmenteront de telle façon que l'équilibre soit de nouveau atteint entre masse monétaire et volume des échanges de biens et services.

Autrement dit, c'est l'économie réelle qui finance le million ainsi gagné par le financier qui a joué sur les marchés des changes. Cette plus-value est payée par les consommateurs.

Certains pourraient dire qu'un aussi faible montant ne suffira pas, par lui-même, à provoquer un déséquilibre sur les prix. Mais si l'on suit le parcours de ce million, si, par exemple, on le voit s'investir dans l'immobilier, on constatera que l'effet sur les prix, même minime, sera réel. De là, il se propage au reste de l'économie.

Encore n'avons-nous considéré que l'effet sur la zone euro. Il en existe un autre et même plusieurs autres dans chaque zone monétaire par laquelle les dix millions d'Euros ont transité, dans un but seulement spéculatif. Le désordre ainsi engendré est donc multiple.

Si l'on comprend le processus mis en valeur par ce simple exemple, et que l'on voit qu'il concerne chaque jour des milliards, alors on se rendra à l'évidence qu'il y a là une véritable maladie de l'économie et qu'il convient de la traiter comme telle et d'en chercher les remèdes. C'est ce à quoi nous voulons nous appliquer dans ce qui va suivre.

D'ores et déjà, nous pouvons formuler une sorte de loi de l'économie :

Une condition nécessaire pour que l'économie soit saine est que le montant des droits à consommer soit déterminé par les seuls besoins de l'économie réelle, c'est-à-dire par les échanges de biens et services.

Notons que cette condition est un préalable. Comme nous le verrons, elle n'est pas suffisante pour que vive une véritable *Économie à Valeurs Ajoutées Humaines.*

Précisons que nous parlons de droits à consommer et non de masse monétaire. Pour le dire simplement, une somme de 100 € peut, en l'espace de quelques jours, passer de la carte bancaire d'un client au compte du restaurant dans lequel il mange, puis sur celui d'un grossiste en fruits et légumes qui règle un agriculteur, lequel achètera des vêtements, etc. À la suite de ces échanges, le PIB a augmenté, sans qu'il y ait création monétaire. En économie classique, on dira qu'une même masse monétaire peut permettre un volume d'échanges plus ou moins grand. Nous verrons, plus loin, qu'il s'agit d'une sorte d'illusion d'optique. Seules les marchandises ont circulé. La monnaie n'est là que pour permettre un décalage de cette circulation, dans l'espace, le temps et entre les personnes[1].

La loi que nous venons de formuler dit seulement que des facteurs extérieurs à l'économie réelle ne doivent pas interférer dans la détermination du montant des droits à consommer.

En énonçant ce principe, nous excluons donc toute création monétaire, et donc toute forme de prêt, qui ne découlerait pas directement d'un besoin de l'économie réelle. Nous verrons ce que ce fait implique lorsque nous

---

1. Voir chapitre *L'illusion de la masse monétaire.*

parlerons du capital et de l'immobilier. Car la crise des *subprimes* a trouvé son origine dans les prêts accordés dans le domaine de l'immobilier, alors que des facteurs extérieurs à l'économie réelle y sont intervenus. Cette crise s'est propagée au système bancaire également, du fait que celui-ci avait accordé des prêts à des fonds d'investissements en capital pour des opérations non liées à l'économie réelle. Ces éléments devront être pris en considération si nous voulons éviter la répétition de ce genre de crises.

Sur la base de ce que nous venons de voir, nous pouvons déduire que l'économie virtuelle exerce une action néfaste sur l'économie réelle et qu'il est nécessaire que les citoyens prennent des mesures qui empêcheraient son apparition[1]. Or la cause de la formation de l'économie virtuelle réside dans la spéculation, c'est-à-dire dans le fait d'acheter une chose et de la revendre à un prix supérieur, sans que l'on y ait ajouté, par sa propre activité, une valeur. Pour bien montrer ce que nous entendons par là, nous allons aborder la création de valeurs.

---

1. Ceux qui conçoivent l'économie de façon traditionnelle objecteront que les fonds gagnés dans l'économie virtuelle permettent la constitution ou l'augmentation de capital d'entreprises de l'économie réelle qui, sans eux, ne pourraient exister. L'argent provenant de spéculation serait donc utile ou, tout au moins, un mal nécessaire au fonctionnement de l'économie réelle. Ce raisonnement ne tient que dans la conception actuelle de la monnaie. Avec celle que nous allons exposer, en particulier lorsque nous parlerons de la Monnaie de Financement, il devient obsolète.

Chapitre 8

La création de valeurs

La notion de valeur ajoutée semble simple. Elle est bien connue de tous ceux qui ont des notions de base en économie, surtout depuis qu'a été instaurée la taxe sur la valeur ajoutée. Pourtant, il existe une manière de la regarder qui ouvre des perspectives très intéressantes et qui permet de se faire une image plus dynamique de ce qui constitue le fondement de toute l'économie. C'est le philosophe autrichien Rudolf Steiner[1] qui l'a développée au début du cours qu'il a donné à la demande d'économistes. Nous allons en aborder le principe et examiner si un lien peut être trouvé avec l'économie virtuelle. Dans le tome 2, nous aborderons le travail et le troisième type de monnaie. Ces concepts nous seront de nouveau utiles.

Précisons d'abord qu'il convient de faire une différence entre la valeur et le prix. Deux mêmes objets en vente dans deux magasins situés à quelques centaines de mètres l'un de l'autre, l'un en France, l'autre en Suisse,

---

1. Rudolf Steiner, *Cours d'économie et séminaire*, Éditions Anthroposophiques Romandes.

représentent sans doute une valeur identique, du point de vue du processus économique. Mais le prix, pour des raisons liées à de nombreux facteurs, sera vraisemblablement différent.

La plus simple formation de valeurs en économie se manifeste au moment où quelque chose est extrait de la nature pour être échangé. Un poisson pêché dans une rivière et mangé directement par le pêcheur n'est pas devenu une valeur économique. Si le pêcheur le met dans un petit seau d'eau et l'apporte dans une ferme voisine pour l'échanger, il a créé une valeur qui entre dans l'économie. S'il met le poisson dans une glacière et le transporte au bourg voisin pour le vendre sur le marché, il a ajouté une nouvelle valeur. Du point de vue économique, le poisson qui est sur le marché n'est pas le même que celui qui est échangé à la ferme. Si un restaurateur achète ce poisson et l'apprête pour un client, il ajoute une nouvelle valeur à celles que le pêcheur avait introduites dans l'économie.

Nous pourrions prendre d'autres éléments provenant du sol ou du sous-sol, de l'air ou de l'eau, et suivre leur cheminement dans l'économie, à partir de valeurs qui sont apportées par l'activité humaine. Nous aurions alors devant nous tous les métiers qui sont en lien direct avec la nature : agriculteur, sylviculteur, apiculteur, pisciculteur, pêcheur, bûcheron, etc. Si nous y ajoutons toute l'activité qui consiste à extraire des matières premières à partir du sous-sol, nous obtenons ce que l'on appelle le secteur primaire.

Nous avons ainsi décrit le principe de base de l'économie. Nous regardons comment l'activité humaine s'applique à la nature. Nous ne contemplons pas la nature comme, par exemple, un peintre ou un scientifique le ferait. Nous l'examinons avec l'œil de l'économiste. La nature est alors observée au travers du travail humain. Si bien qu'un abricot sur un arbre ou vendu au bord d'une route ou bien dans un supermarché n'est pas le même abricot. Du point de vue économique, nous avons affaire à trois abricots différents.

Voyons maintenant comment le travail lui-même évolue et ce qui en résulte pour la formation des valeurs en économie. Un exemple simple nous fera comprendre de quoi il s'agit.

Reportons-nous en arrière au moment de l'apparition des premières tronçonneuses. Un bûcheron achète un de ces appareils et l'utilise pour la coupe du bois dans une forêt. Du point de vue visuel, les troncs qu'il débite sont sensiblement les mêmes que ceux qu'il obtenait auparavant lorsqu'il utilisait des outils traditionnels.

En économie, la formation de la valeur, dans les deux cas, est très différente. Avec la tronçonneuse, le travail a été transformé. Ce n'est plus le même qui s'applique à la nature. Or ce qui a provoqué ce changement provient des capacités créatives de l'être humain. L'esprit humain, par les inventions, crée des outils et des machines qui modifient, parfois de façon radicale, le travail humain et transforme donc le processus qui conduit à la formation de valeurs en économie.

Si, à partir de cette notion, nous considérons l'évolution de l'économie au cours du temps, nous voyons comment s'est formé le secteur secondaire, depuis l'artisanat jusqu'à l'industrie. Simultanément, nous constatons le phénomène de la division du travail. En le poussant un peu plus loin, nous verrions comment se forment d'autres valeurs économiques par le fait que la nature disparaît de plus en plus et que passent au premier plan les capacités créatrices humaines. Pensons à un avocat, à un médecin ou à un informaticien qui invente un nouveau logiciel. C'est alors le secteur tertiaire qui apparaît à notre regard d'économiste.

Nous avons ainsi mis en évidence une polarité dans la formation des valeurs. D'une part la nature transformée par le travail ; d'autre part, le travail modifié par l'esprit humain.

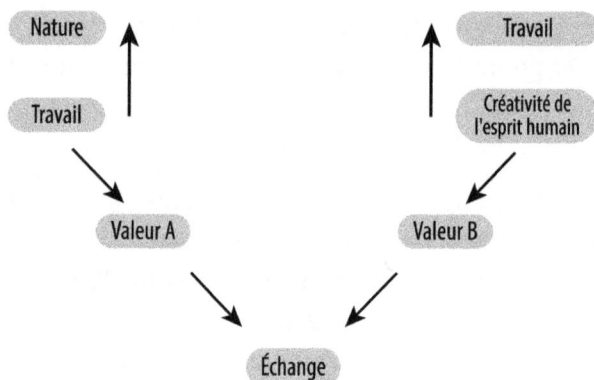

Nous verrons plus loin comment ce schéma nous est également utile pour comprendre la formation des prix.

Cette polarité nous a permis de saisir la dynamique des trois secteurs de l'économie. Nous pouvons en faire une représentation schématique :

Secteurs

Nature

| Primaire | Secondaire | Tertiaire |

Esprit humain

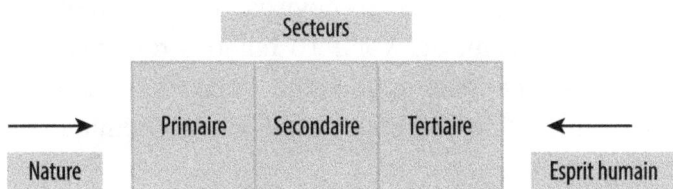

Ce schéma contient en lui la totalité de l'économie réelle. Tous les métiers, ceux de l'économie marchande et non marchande, y trouvent leur place.

Nous détaillerons ce point dans le chapitre sur la *Monnaie de Contribution*. Pour l'instant, nous avons à nous demander si l'économie virtuelle a quand même à faire avec la création de valeurs. Autrement dit, le fait de gagner de l'argent avec de l'argent, de faire travailler l'argent, peut-il être considéré comme une activité économique ? En d'autres termes, être spéculateur est-il un métier ?

Si tel était le cas, il ne s'agirait pas, à l'évidence, d'une profession du secteur primaire ou secondaire. L'intelligence nécessaire à l'exercice de cette activité est prépondérante par rapport à ce qui vient de la nature, laquelle passe à l'arrière plan. Nous nous trouverions donc dans le secteur tertiaire.

Il existe d'autres situations qui font également appel à l'inventivité et à l'intelligence ; par exemple le cambriolage et l'escroquerie. Personne n'aurait l'idée de considérer qu'être cambrioleur est un métier. Dans le vol, il n'y a pas confrontation de valeurs, puisque le voleur n'en apporte pas, en vue d'un échange.

L'on pourrait objecter que le spéculateur apporte de l'argent lorsqu'il achète des devises. Dans notre exemple vu plus haut, celui qui vend 10 millions d'Euros, sur le marché des changes, apporterait donc une valeur. Raisonner ainsi, c'est confondre la valeur économique et le prix de l'échange.

Supposons que notre spéculateur ait reçu ces 10 millions grâce à la vente de produits qu'il a créés. La valeur économique engendrée par son activité consistait en ces produits qui sont maintenant chez ses clients. L'argent qu'il a reçu est un droit à consommer, mais n'est pas une valeur au sens de l'économie. De même les dollars qu'il reçoit contre ses Euros ne sont pas une valeur. Il y a seulement transfert d'un droit à consommer, de la zone euro vers la zone dollar. Les attributs de l'acte économique tels qu'ils ressortent du schéma manquent pour permettre de classifier l'activité de spéculateur dans le secteur tertiaire. Cette activité est donc en dehors de l'économie réelle.

Nous avons pris la peine de pousser dans le détail l'étude de cette question, car la plus grande confusion règne à ce sujet. Les concepts sont trop imprécis, ce qui permet d'entretenir un flou sur les activités liées à la spéculation. Elles sont amalgamées à l'économie comme si elles en faisaient partie de façon naturelle. Une science de l'économie plus précise devrait prendre en considération ces faits.

Avec la crise économique actuelle, les problèmes engendrés par l'économie virtuelle deviennent tellement criants que de nombreuses voix s'élèvent pour juguler ce type d'économie. Mais on ne va pas encore jusqu'à une étude suffisamment poussée pour se rendre compte que cette économie virtuelle est non seulement nuisible, mais qu'elle est totalement inutile. Elle n'est en rien un mal nécessaire.

La première mesure qu'il conviendra de prendre consiste à empêcher que les effets nuisibles de ce qui est lié à l'investissement spéculatif puissent se transmettre à l'économie réelle. Nous allons en examiner les modalités pour ce qui concerne la monnaie.

Chapitre 9

Éthique et économie

Avant de poursuivre, je voudrais faire une sorte de remarque intermédiaire.

Le lecteur aura peut-être constaté que, jusqu'ici, il n'est fait référence à aucune notion de morale. Nous n'avons pas considéré la spéculation du point de vue éthique. Nous sommes restés constamment au sein de l'économie pour étudier cette question. Je continuerai d'avoir une telle démarche, car j'ai constaté que, sur ce plan, l'économie se suffit à elle-même. Il n'est pas nécessaire de lui apporter, de l'extérieur, des principes moraux de justice, d'égalité, de partage, de générosité, d'amour du prochain, etc. Ces qualités appartiennent aux vertus fondamentales que l'être humain peut souhaiter développer sur son propre chemin de vie. Il est important que les philosophes, les psychologues et les sociologues y portent toute leur attention. Si j'écrivais un livre sur la vertu, au sens de Platon, je n'hésiterais pas à étudier le désir de gain financier, de ce point de vue.

Tout au long du présent ouvrage, mon propos est différent. Mon observation de l'économie m'a montré que, si l'on s'écarte de ce qui est inhérent à l'économie réelle, alors celle-ci se déséquilibre, dysfonctionne et devient malade. Par ses crises, elle nous montre ce que nous avons à rectifier. Il suffit d'y être attentif et d'apprendre à le lire dans les phénomènes sociaux et économiques.

J'irai même jusqu'à dire que l'économie porte sa santé en elle-même. Son état normal est d'être équilibré. Si elle ne l'est pas, c'est que l'on a introduit en elle des éléments étrangers qui se révéleront toujours comme étant de nature spéculative.

Mais le facteur de maladie qui s'insère ainsi dans l'économie coûte de plus en plus cher, au fur et à mesure que le temps passe. L'économie finit toujours par nous présenter l'addition. Quand elle est suffisamment élevée, on se décide à prendre des mesures.

L'exemple qui illustre bien ce qui vient d'être dit est celui de l'environnement. À la fin des années soixante, des militants « écolos » ont porté cette question sur la place publique. Ils ont peu été pris au sérieux. Pourtant, avec le temps, leurs préoccupations se sont révélées être justifiées. Peu à peu des journalistes se sont engagés sur cette problématique. Ils ont été écoutés. Mais l'effet sur la prise en compte de l'environnement a été très limité. Lorsque des scientifiques se sont préoccupés du problème, la prise de conscience a augmenté. Elle a conduit à ce que les hommes politiques saupoudrent leurs programmes d'un peu de vert. Mais rien de fondamental n'a été entrepris. C'est seulement à partir du moment où la question a été traitée du point de vue économique, que les choses ont commencé à bouger.

En octobre 2006 paraissait le rapport de la commission présidée par le Britannique Nicholas Stern, ancien vice-président de la Banque Mondiale. Pour la première fois, un groupe d'économiste avait tenté de chiffrer le coût annuel du réchauffement climatique pour l'économie mondiale.

Leur conclusion était la suivante : « *Utilisant les résultats de modèles économiques officiels [le rapport Stern] estime que si l'on ne réagit pas, les coûts et les risques globaux du changement climatique seront équivalents à une perte d'au moins 5 % du PIB mondial chaque année, aujourd'hui et pour toujours. Si l'on prend en compte un éventail plus vaste de risques et de conséquences, les estimations des dommages pourraient s'élever à 20 % du PIB ou plus.*

Par contre, les coûts de l'action, à savoir réduire les émissions de gaz à effet de serre pour éviter les pires conséquences du changement climatique, peuvent se limiter à environ 1 % du PIB mondial chaque année ».

En 2020, le coût annuel du changement climatique pourrait osciller, entre 5'000 et 20'000 milliards de dollars. Il s'agit d'une évaluation faite en 2006. Depuis, Nicholas Stern l'a revue à la hausse.

En évoquant ces chiffres, je ne veux pas défendre les idées avancées dans ce rapport, en particulier tout ce qui concerne le marché des émissions de carbone dans lequel

---

1. Stern review: L'économie du changement climatique, Note de synthèse. http://webarchive.nationalarchives.gov.uk/20130129110402 /http://www.hm-treasury.gov.uk/d/stern_shortsummary_french.pdf

on voit s'introduire la spéculation dans la protection de l'environnement.

Mon propos est de montrer qu'une question sociétale extrêmement sérieuse n'a pu être prise en compte qu'à partir du moment où on lui a appliqué un raisonnement économique et que l'on a vu que l'inaction coûterait entre 5 et 20 fois plus cher que l'action.

Le rapport Stern a fait l'effet d'une bombe et a commencé à faire bouger les positions. Sur le terrain économique, les investisseurs se sont orientés vers les nouvelles technologies dans les domaines de l'énergie et du développement durable.

Certes, c'est encore très insuffisant et le jeu politicien s'est chargé de détricoter les avancées conclues. Mais cela n'enlève rien à ce que je veux mettre en avant.

Au contraire, si l'on ne progresse pas suffisamment sur les questions d'environnement, si l'on ne prend pas les mesures concrètes qui s'imposent, la facture que présentera l'économie sera encore plus élevée.

Ce qui vient d'être dit permettra de jeter un éclairage différent sur la dénomination que j'utilise : *Économie à Valeurs Ajoutées Humaines*. Il s'agit bien de valeurs ajoutées, donc d'un processus économique et non d'une notion morale qui viendrait se surajouter.

Prenons l'exemple d'une personne ayant la responsabilité d'une machine de production de gommes. Il est probable que la quantité fournie en une minute dépassera largement ses besoins personnels sur toute sa vie. Les dizaines de milliers de gommes qui sortent quotidiennement de la machine ne lui sont pas destinées. Elle produit pour des milliers d'autres personnes qui ont besoin de ce dont elle-même n'a pas l'usage. Par contre, ce sont d'autres personnes dans le monde qui produisent ce dont elle-même a besoin.

C'est une des vertus principales de la division du travail. Elle crée une interdépendance entre les êtres humains. Si l'on regarde ce phénomène dans le détail, on s'aperçoit que l'économie basée sur la division du travail établit une solidarité de fait entre tous les acteurs. Si celle-ci ne se traduit pas par des conditions humaines de vie pour des milliards de personnes, il faut en chercher la cause dans des facteurs externes qui viennent entraver ce processus de base inhérent à l'économie.

Si les valeurs qui entrent dans l'économie proviennent d'activités humaines qui transforment la nature et l'organisation du travail, alors l'économie est solidaire et fraternelle. C'est dans sa nature. Si le prix d'un bien ou d'un service est déterminé par un examen précis de la création des valeurs et que donc il est tenu compte de tous les facteurs (rémunération, conditions de travail, prestations sociales, environnement), alors l'économie est en état d'équilibre, donc de santé.

Un élément étranger intervient dès que le prix est déterminé par d'autres facteurs que ceux qui appartiennent à la chaîne de création de valeurs ajoutées par l'activité humaine. Par exemple, lorsque la rareté est incluse dans la formation du prix. Nous sortons alors de l'économie réelle et nous introduisons en elle des germes de maladie.

Lorsque nous parlerons de la quatrième branche de la croix de l'économie, le foncier et l'immobilier, nous verrons à quel point la rareté vient interférer dans le prix et comment ceci se propage à l'ensemble de l'économie en y créant de graves déséquilibres.

Par cet exemple, nous voyons que la détermination du prix est une chose complexe et qu'elle nécessite une capacité de penser l'économie réelle dans le moindre détail.

Mais c'est à cette condition que le prix auquel parviendront deux partenaires lors de l'échange sera tel que les deux sont gagnants de façon équivalente ; que l'un n'aura pas imposé sa position dominante à l'autre. Alors l'économie sera en équilibre.

Ce n'est pas en disant « moins d'économie et plus de social » que nous avancerons de façon concrète et efficace. Il nous faut au contraire plonger plus en profondeur dans l'essence même de l'économie, qui, en réalité, est basée sur le gagnant-gagnant. Entrons davantage dans une pensée économique qui saisit le réel et nous éviterons de créer des problèmes sociaux.

Parler de commerce équitable ou d'économie solidaire n'est-il pas une illustration du fait que nous avons quitté le terrain de l'économie réelle ? Ce sera le signe que nous y sommes revenus, quand nous n'aurons plus besoin de recourir à ce qui, au fond, n'est que pléonasme.

Si nous comprenions bien ceci, nous cesserions de mettre des exhortations moralisantes, mais inopérantes, là où nous avons besoin d'une approche claire des phénomènes économiques. Car, dans la pratique, cette vision « éthiquisante » nous détourne des véritables questions.

Vouloir créer des circuits éthiques en parallèle de ce qui existe, ce n'est pas s'attaquer aux véritables causes. Il serait plus utile et plus directement efficace de reconnaître en quoi l'économie porte en elle-même la fraternité et la solidarité. Il me semble aujourd'hui urgent de ne pas se tromper de combat.

Chapitre 10

La Monnaie de Consommation

Après Bretton Woods et la création du Fonds Monétaire International, les experts financiers ont utilisé la balance des paiements comme outil principal permettant de mesurer la situation des monnaies. Les publications du FMI, sur ce sujet, faisaient d'ailleurs référence. Avec l'implosion du système de changes fixes et l'explosion du développement des marchés monétaires, cet instrument ne suffit plus, à lui seul. Néanmoins, la structure de la balance des paiements est, en elle-même, instructive. On y enregistre à la fois les opérations de commerce des entreprises d'un pays avec le reste du monde, mais également les opérations de nature financière.

Autrement dit, un déplacement important de capitaux flottants, pour des raisons purement spéculatives, peut déstabiliser une balance des paiements alors que la balance commerciale est en équilibre, voire même excédentaire.

Si, par exemple, le taux directeur de la Fed augmente de façon sensible, et que les perspectives du dollar sont à la hausse, les capitaux flottants quitteront un pays pour se placer aux États-Unis. La balance des paiements de ce premier pays deviendra alors déficitaire.

D'une façon directe, par la diminution des réserves de changes de la Banque Centrale, ou d'une façon indirecte, par sa soudaine abondance sur les marchés des changes, la monnaie de ce pays sera poussée à la baisse par cette décision de la Fed. Les importations deviendront alors plus chères. Ce sera l'inverse pour les exportations. Mais si celles-ci ne comblent pas la variation qui se produira au niveau des importations, la balance commerciale deviendra déficitaire, aggravant le déficit global de la balance des paiements et la détérioration de la monnaie.

Des scénarios de cette nature sont assez fréquents. Ils montrent le problème qu'il y a à mélanger les opérations financières et commerciales. La balance des paiements est un outil inadapté. Mais elle n'est qu'un symptôme du problème de fond : nous ne disposons que d'un seul instrument pour mesurer à la fois les flux d'investissements et les flux commerciaux. La même monnaie est utilisée dans les deux cas. Il convient donc de se doter de deux instruments bien séparés l'un de l'autre. L'économie réelle a besoin d'une monnaie qui circule dans un circuit qui n'aurait que très peu de passerelles avec un autre circuit, celui de la monnaie servant au financement des entreprises et au prêt, en général.

Remarquons que nous n'incluons pas les capitaux flottants dans ce deuxième type de monnaie, car, on l'aura compris, il s'agit d'édifier une économie dans laquelle la spéculation n'a plus de raison d'être.

L'organisation de la Monnaie de Financement fera l'objet d'un autre chapitre. Regardons d'abord celle de la première monnaie. Nous l'appelons la Monnaie de Consommation[1]. Elle ne servira qu'à comptabiliser les échanges de l'économie réelle, c'est-à-dire les ventes et achats de biens et services des entreprises et institutions entre elles ou des entreprises et institutions avec les particuliers, ou encore des particuliers entre eux.

La Monnaie de Consommation est déposée sur des comptes en banques que nous appelons Comptes de Consommation Courante (CCC). Leur fonctionnement est, dans les grandes lignes, analogue à celui des comptes courants que les particuliers et entreprises utilisent actuellement. On y fera les mêmes opérations de virements, paiements par carte bancaire et chèques, ou bien retraits en argent liquide. Seules les opérations de transferts d'un Compte de Consommation Courante vers un autre Compte de Consommation Courante seront possibles. Il ne sera, par exemple, pas autorisé de faire, depuis un tel compte, un virement vers le compte d'une entreprise qui veut lancer un emprunt obligataire. Celui qui veut faire une telle opération procédera autrement, comme nous le verrons bientôt.

Un deuxième compte sera lié au CCC. Il permettra de recevoir l'épargne que l'on fait en prévision d'achats ultérieurs. Nous l'appelons le Compte de Consommation Différée (CCD).

---

1. Dans un premier temps, nous la considèrerons comme circulant au sein d'une même zone monétaire. Ultérieurement, nous regarderons ce qui se passe lors d'importations et d'exportations. Voir le chapitre *Un Nouveau Système Monétaire International*.

Au 31 décembre de chaque année, les CCC sont remis à zéro. Le solde éventuel est viré, par la banque, sur le CCD. Ainsi, les droits à consommer, pour faire face aux dépenses courantes, restent toujours limités. Les particuliers reçoivent leur rémunération mensuelle sur leurs CCC et l'utilisent, jour après jour, pour leurs achats et le paiement de leurs factures. S'ils veulent mettre de l'argent de côté par exemple pour un voyage ou pour l'achat d'un véhicule, ils font, à tout moment, un virement depuis leur CCC vers leur CCD. En fin d'année, s'il y a un reliquat, la banque le fera automatiquement. Précisons que le CCC ne sera pas complètement remis à zéro. En effet, il faut tenir compte de la rémunération qui servira pour les dépenses de janvier et qui, habituellement, est versée par l'entreprise, quelques jours avant la fin du mois. Un logiciel bien conçu sera en mesure de tenir compte de cet élément.

C'est donc dans le principe que nous parlons d'une remise à zéro des comptes. Dans la pratique, il restera la « trésorerie » nécessaire.

Il en ira de même pour les entreprises. L'argent qu'elles conserveront, en fin d'année, sur leur CCC ne devra pas excéder les dépenses du mois de janvier suivant. Là encore, un logiciel pourra être programmé pour vérifier qu'il en est bien ainsi.

Pour les entreprises qui ont besoin d'une trésorerie dépassant les dépenses du mois de janvier, une autre mesure sera nécessaire. On pourra considérer qu'elles ont besoin d'un prêt-relais. Cette modalité sera abordée au chapitre sur la Monnaie de Financement.

Le schéma ci-dessous montre les opérations de base entre deux comptes A et B qui peuvent appartenir à des entreprises ou à des particuliers.

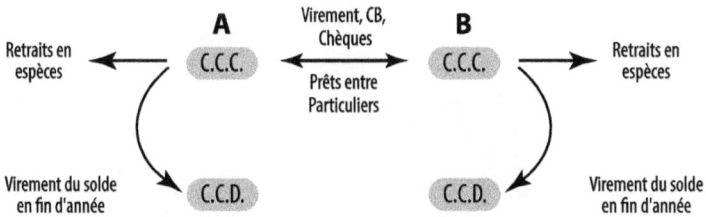

Opérations entre deux comptes en Monnaie de Consommation

Examinons, maintenant, la raison d'être du Compte de Consommation Différée, ce qui amène la question de la monnaie fondante.

Chapitre 11

Monnaie fondante

Nous avons vu que le propre même de la monnaie est de permettre de différer l'acte d'achat. En ce sens, la monnaie est utile. Elle rend un service précieux, à condition de ne pas lui permettre de développer des effets secondaires, nuisibles à l'économie elle-même. Ceux-ci apparaissent lorsque la monnaie, au lieu de circuler rapidement, vient s'accumuler en différents endroits. Elle est alors stockée comme une marchandise et perd son caractère d'unité de compte.

Dans cette tension entre les deux pôles, nous cherchons donc à placer le curseur le plus possible du côté de l'unité de compte. Mais il n'est pas possible de le faire totalement, précisément pour la raison que nous différons l'acte d'achat. Les raisons pour lesquels nous le faisons tiennent au fait que nous n'avons pas encore les moyens financiers nécessaires à la dépense que nous projetons, ou bien que le moment n'est pas encore venu, ou encore que nous avons besoin de mettre de l'argent de côté, c'est-à-dire d'épargner.

Traditionnellement, les économistes voient l'épargne comme une sorte d'élément tampon qui permet de régler l'économie. Quand elle est trop élevée, la consommation est insuffisante. On abaissera donc les taux d'intérêt afin de rendre l'épargne moins attractive. Le consommateur aura tendance à dépenser son argent immédiatement. Mais alors, il peut se produire qu'il n'y ait plus assez d'argent pour l'investissement. Là encore, le taux d'intérêt jouera un rôle incitatif, mais dans l'autre sens. Dans chacune de ces situations, on considérera l'épargne comme un élément régulateur. Mais en réalité, il s'agit d'un artifice mécanique qui masque deux problèmes non réglés par ailleurs.

Le premier est celui de la Monnaie de Financement. Nous l'aborderons bientôt. Le deuxième, lié à l'épargne trop importante, peut signifier plusieurs choses : le niveau de rémunération de certaines personnes est trop élevé par rapport à leurs besoins immédiats ; ou alors les besoins des consommateurs en biens d'équipements sont momentanément satisfaits ; ou encore, la peur de crises à venir incite à la prudence. Dans ces trois cas, il s'agit de traiter ces problèmes pour eux-mêmes, comme nous le ferons. Jouer sur les taux d'intérêt, pour réguler l'épargne, ne résout rien. Par contre, l'argent qui s'accumule tend à redevenir marchandise et donc à alimenter la spéculation.

Il s'agit de limiter l'épargne de façon qu'elle permette de différer l'acte d'achat, sans que l'argent stagne et ne remplisse plus sa fonction de mesure de l'échange. Pour le dire autrement, l'argent, lorsqu'il tend à s'accumuler, doit toujours être ramené dans des zones actives de l'économie, là où l'on a besoin de lui : dans l'aide au financement des entreprises, d'une part ; dans l'économie non-marchande, d'autre part. Nous considérerons ces deux domaines.

Pour l'heure, regardons une mesure qui incitera l'épargnant à ne pas trop laisser son argent s'accumuler sur le Compte de Consommation Différée. Il suffira d'appliquer un taux de dépréciation des fonds qui soit suffisamment élevé, par exemple de 10 % par an. Cette dépréciation interviendra au 31 décembre de chaque année et concernera le solde du CCD à cette date. Si l'épargnant veut utiliser une partie de son argent, en cours d'année, le montant de son virement sur le CCC sera diminué de 10 %.

Le tableau de la page suivante montre comment évolue le Compte de Consommation Différée.

Dans cet exemple, nous supposons que Monsieur Durand épargne, annuellement, le même montant de 2'000 € et qu'en 20_6, il utilise 6'000 € qu'il vire sur son CCC. Cette année-là, il n'épargne donc rien. Les 6'000 € se dépréciant de 10 %, au moment du virement, celui-ci s'élève, en réalité à 5'400. Les 600 de dépréciation viennent s'ajouter aux 137.12 prélevés sur le solde du compte.

Au total, Monsieur Durand aura viré 10'000 € depuis son CCC vers son CCD et versé 3'365.94 € au compte de dépréciation que tient la banque.

Année	Solde initial au 01 jan.	Virement de C.C.C.	Virement vers C.C.C.	Virement vers un Institut de Financement	Virement de l'Institut de Financement	Sous-total au 31 déc.	Dépréciation	Solde final au 31 déc.
20_1	-	2'000.00				2'000.00	200.00	1'800.00
20_2	1'800.00	2'000.00				3'800.00	380.00	3'420.00
20_3	3'420.00	2'000.00				5'420.00	542.00	4'878.00
20_4	4'878.00	2'000.00				6'878.00	687.80	6'190.20
20_5	6'190.20	2'000.00				8'190.20	819.02	7'371.18
20_6	7'371.18	-	5'400.00			1'371.18	737.12	1'234.06
		10'000.00	5'400.00				3'365.94	

Dépréciation de l'épargne sur un Compte de Consommation Différée sans versement à un Institut de Financement

Tout se passerait autrement si Monsieur Durand ne laissait pas stagner son argent épargné, mais qu'il le mettait à la disposition de l'économie, en le prêtant. Lorsque nous aborderons la Monnaie de Financement, nous verrons que, les autres données du scénario restant inchangées, la dépréciation ne serait que de 600, à fin 20_6 (c'est-à-dire 10 % de 6'000) et qu'il lui resterait 4'000 sur son compte auprès de l'Institut de Financement, après avoir versé 5'400 € sur son CCC. Le tableau de la page suivante montre l'enregistrement des opérations[1].

Que deviennent les 3'365.94 € correspondants à la dépréciation de la première situation ou les 600, dans le deuxième cas ? Ils ne sont pas détruits. Ils sont mis à la disposition de l'économie non-marchande, comme cela sera exposé plus loin. Ils vont donc contribuer à engendrer le troisième type de monnaie, celle qui apparaît dans l'économie lorsqu'il y a une forme de don.

À ce stade, nous voyons à quel point toutes les notions d'économie sont liées entre elles et qu'il est difficile de les traiter séparément. Pourtant, il ne peut en être autrement. Ce n'est que peu à peu qu'une vision d'ensemble se dégagera et que l'on comprendra comment chaque élément s'articule avec les autres et s'intègre dans le tout. Le lecteur devra donc encore faire preuve de patience et de persévérance dans l'étude de l'*Économie à Valeurs Ajoutées Humaines*.

---

1. En orientant son épargne vers un Institut de Financement, Mr. Durand a évité 2'765.94 de dépréciation (soit 3'365.94 − 600). Rapportée à la somme de 10'000 épargnée, cette non-dépréciation représente 27.65 % en 5 ans. Dans la mesure où l'on accepterait la notion de monnaie fondante, on pourrait estimer que cette participation au financement de l'économie aura été prise en considération à une hauteur raisonnable.

Dépolluer l'économie

Année	Solde initial au 01 jan.	Virement de C.C.C.	Virement vers C.C.C.	Virement vers un Institut de Financement	Virement de l'Institut de Financement	Sous-total au 31 déc.	Dépréciation	Solde final au 31 déc.
20_1	-	2'000.00	-	2'000.00		-	-	-
20_2	-	2'000.00		2'000.00		-	-	-
20_3	-	2'000.00		2'000.00		-	-	-
20_4	-	2'000.00		2'000.00		-	-	-
20_5	-	2'000.00		2'000.00		-	-	-
20_6	-	-	5'400.00	-	6'000.00	-	600.00	-
		10'000.00	5'400.00				600.00	

Dépréciation de l'épargne sur un Compte de Consommation Différée
Avec versement à un Institut de Financement

Certains ne l'auront pas et seront déjà révoltés par cette idée de dépréciation de la monnaie. Peut-être ont-ils des comptes d'épargne qui leur rapporte, chaque année, un certain pécule. Celui qui regarde sa seule situation ne peut que réagir avec antipathie à de telles propositions. C'est bien compréhensible. Mais s'il regarde l'ensemble de l'économie, son jugement pourra se modifier.

La notion de dépréciation que nous venons de voir est une forme de vieillissement de la monnaie. Plusieurs penseurs de l'économie ont montré la nécessité d'une monnaie qui colle, le plus possible, aux échanges de biens et services, c'est-à-dire qui serve au présent et qui donc perde de son pouvoir au fur et à mesure qu'elle s'éloigne de ce présent[1].

En différents lieux, on a même expérimenté des monnaies fondantes, souvent avec succès. On trouvera une description de ces recherches dans le livre de Marielouise Duboin, *Mais où va l'argent ?*[2] et dans celui de Philippe Derudder, *Rendre la création monétaire à la société civile*[3].

Le vieillissement de la monnaie correspond à une vision de l'économie centrée sur le réel. Mais son fondement s'inscrit dans une approche très globale de la vie. Précisément dans le fait que, dans la nature, toute vie s'accompagne de mort. Rien, sur terre, n'est dans un

---

1. Voir notamment Silvio Gesell, *L'ordre économique naturel*, L'autre Éditions, téléchargeable sur http://fr.calameo.com/ et Rudolf Steiner, *Cours d'économie et séminaire*, Éditions Anthroposophiques Romandes.
2. Marie-Louise Duboin, *Mais où va l'argent ?*, Éditions du Sextant.
3. Philippe Derudder, *Rendre la création monétaire à la société civile*, Éditions Yves Michel.

processus de croissance illimitée et dans une durée sans fin. La seule chose que l'on prétende arracher au cycle naturel qui passe par la mort, c'est l'argent. Que ce soit par la capitalisation de l'intérêt ou par la spéculation boursière et immobilière, on cherche à doter l'argent de capacités infinies de croissance et de longévité. On va ainsi contre nature. Les situations de la nature, de la vie sociale et de l'économie le montrent de plus en plus clairement.

Il est donc justifié de chercher des méthodes permettant de faire vieillir l'argent pour éviter qu'il n'allonge sa vie dans les sphères spéculatives. Le vieillissement de la monnaie permet de lutter contre la tendance à sa marchandisation.

Généralement, on conçoit les monnaies fondantes comme une forme de disparition. Par exemple, on tamponnera, à l'encre indélébile, le chiffre 90 sur un billet de 100. Le billet aura donc perdu 10 % de sa valeur. Mais que deviennent les 10 € ? Ils sont purement et simplement annulés.

On a enlevé un pouvoir de nuisance à l'argent, en affaiblissant la tendance qu'il a à s'accumuler. Mais, dans le même temps, on lui a ôté une vertu : celle de différer le droit à consommer. En retirant l'argent de la sphère spéculative, on l'a également enlevé de celle de l'économie réelle. Autrement dit, on a sorti de celle-ci une certaine quantité de pouvoir d'achat. Si celui qui le possédait ne s'en sert pas, au lieu de l'annuler, pourquoi ne pas le transférer à celui qui peut l'utiliser de façon féconde pour l'économie ?

La monnaie pourrait ainsi acquérir une seconde vie qui profiterait à toute l'économie. Nous voyons apparaître le troisième type de monnaie, qui peut jouer un rôle tout aussi utile que celle de consommation et celle de financement.

À ma connaissance, le philosophe autrichien Rudolf Steiner est celui qui a découvert cette forme de vieillissement de l'argent qui en fait un processus dynamique. Sa découverte des trois types de monnaies me semble être une contribution essentielle à la science de l'économie.

Pour aborder la Monnaie de Consommation, nous avons regardé le Compte de Consommation Courante et le Compte de Consommation Différée, sans parler de l'organisme qui les gère. Nous allons donc aborder la Banque de Monnaie de Consommation.

Chapitre 12

La Banque de Monnaie
de Consommation

Aujourd'hui plus encore qu'hier, l'image de la banque est associée au grand capital, aux placements boursiers, aux profits juteux, bref au monde de la finance spéculative. Certes, l'image d'opulence a été passagèrement écornée par les faillites ou les sauvetages express de quelques établissements, en 2007 et 2008. Mais déjà en 2009, les plus grandes banques avaient remis les choses dans l'ordre qui est le leur : profits engrangés sur les marchés boursiers et les marchés des changes s'accompagnant de primes faramineuses distribuées aux traders. Le naturel est donc revenu au galop, plus vite que prévu, malgré les injonctions du G20. Au lieu de s'en offusquer à grands cris, les commentateurs pourraient s'en réjouir, car nous avons gagné du temps. La preuve est faite que ce système contient en lui-même ce genre d'excès. Il ne pourra être contenu par des textes de loi. Il s'agit donc d'arriver à une conception entièrement différente de la banque, découlant d'une approche nouvelle de la monnaie.

Pour éviter toute confusion entre le modèle traditionnel et celui que nous allons proposer, il aurait semblé préférable d'adopter un autre nom. J'ai conservé le terme de banque, car il correspond à la fonction première de ces organismes : recevoir les dépôts. Historiquement, ce n'est que dans un deuxième temps que d'autres attributs de la banque sont apparus : le transfert de fonds et le prêt.

Les Banques de Monnaie de Consommation sont des banques de dépôts et de transferts de fonds. L'attribution de prêts ne fait pas partie de leurs missions. D'autres organismes, les Instituts de Monnaie de Financement, en seront chargés, comme nous le verrons plus loin. Cette séparation permettra de mieux différencier les deux types de monnaies, celle de consommation et celle de financement.

La Banque de Monnaie de Consommation offre donc un double service, la gestion des comptes des déposants et la circulation de la monnaie entre les comptes ou bien directement vers les déposants. Dans ce dernier cas, il s'agit d'un retrait en argent liquide.

Mais que fait la banque avec la monnaie enregistrée sur les comptes ? Selon la conception traditionnelle, cet argent est comptabilisé juste à côté du compte Caisse. Il peut même être transformé en argent liquide. Le banquier a l'impression de l'avoir en stock, comme une marchandise qu'il peut vendre. Il va donc utiliser l'argent déposé chez lui pour se livrer à des opérations de vente et d'achat d'argent ou bien de titres, ce qui revient au même.

Selon notre conception, la Monnaie de Consommation n'est qu'un droit à consommer. Elle n'est qu'une écriture et non pas une marchandise. Dans la comptabilité de la Banque de Monnaie de Consommation, elle sera enregistrée sur un compte d'actif dédié à cette seule fonction. Nous l'appelons le compte de Mouvement de Fonds des Déposants. Il s'agit donc d'un compte d'actif qui fonctionne comme le compte Caisse ou le compte Banque d'une entreprise. Mais avec une différence importante. Le compte Banque permet d'enregistrer des opérations de nature très différentes : le règlement d'un client, le paiement d'un fournisseur, le versement des salaires, l'achat de fournitures, etc. Ce compte Mouvement de Fonds des Déposants n'aura qu'une seule fonction : enregistrer la contrepartie comptable des entrées et sorties de monnaie s'opérant sur les comptes des déposants, comme le montre l'exemple de la page suivante.

La Banque de Monnaie de Consommation ne peut pas considérer le solde du compte Mouvements de Fonds des Déposants comme de l'argent qu'elle peut utiliser pour des placements, des prêts ou même pour régler ses propres factures.

Comptabilisation des opérations sur les Comptes de Consommation Courante

		ACTIF	PASSIF	
		Mouvements de fonds des déposants	C.C.C. Durand	C.C.C. Duchemin
01.03.20_3	Virement sur compte Durand	2'000.00	2'000.00	
01.03.20_3	Virement sur compte Duchemin	2'500.00		2'500.00
04.03.20_3	Achat par CB, Durand	250.00	250.00	
05.03.20_3	Ordre permanent, Duchemin	900.00		900.00
09.03.20_3	Virement Durand à Duchemin		300.00	300.00

Pour effectuer ses paiements, la banque aura besoin, comme toute entreprise, d'un Compte de Consommation Courante. Afin qu'il n'y ait pas de confusion des genres, il serait bon que la banque ouvre ce compte dans une autre banque. Ainsi, elle se comportera comme une entreprise ou un particulier pour tout ce qui concerne sa gestion interne et comme une banque pour la seule gestion des comptes des déposants.

De ce mode de fonctionnement, il ressort un élément important qui touche aux fonds propres de la Banque de Monnaie de Consommation. Nous n'en traitons ici qu'un aspect et attendons l'étude sur la Monnaie de Financement pour aborder les autres.

De quels fonds auraient besoin ceux qui voudraient créer une telle banque ? Ni plus, ni moins, ceux qui sont nécessaires à une société de services pour faire face aux charges des premières années de fonctionnement.

La banque n'engageant pas l'argent de ses déposants n'a pas besoin de fonds propres pour en garantir le paiement. Les dépôts sont là, en permanence et seul un ordre du client peut les faire transiter vers un autre compte.

Bien entendu, il convient d'envisager le cas où un groupe de personnes mal intentionnées ou bien un employé indélicat procèdent à des malversations, comme en connaît le système bancaire habituel. Il appartiendra à un organe de contrôle, l'Institut d'Audit Monétaire[1], de mettre en place les mécanismes destinés à éviter ces problèmes. Nous y reviendrons ultérieurement.

---

1. Voir schéma p. 228.

Jusqu'ici nous avons essentiellement parlé de la monnaie scripturale. Pour voir ce qui pourrait se passer avec les pièces et les billets, nous allons aborder l'émission de la Monnaie espèce. Nous compléterons ainsi le fonctionnement des Banques de Monnaie de Consommation.

Chapitre 13

L'Institut de Monnaie Espèces

À l'origine, la monnaie fiduciaire désignait les pièces et les billets convertibles en or, auprès des banques de second rang ou de la banque centrale. Depuis que cette convertibilité n'existe plus, les pièces et les billets sont sur le même plan que la monnaie scripturale. Au fond toute monnaie est devenue fiduciaire, c'est-à-dire basée sur la confiance.

Pour éviter toute confusion, nous utiliserons le terme de Monnaie Espèces pour désigner les pièces et les billets. Il ne s'agit donc pas d'une autre monnaie, mais d'une des formes de la Monnaie de Consommation, l'autre étant celle qui circule entre les comptes bancaires, de façon scripturale, comme nous l'avons vue précédemment.

À notre époque, la part qu'occupe la Monnaie Espèces dans les échanges commerciaux est en diminution. Les achats courants sont de plus en plus réglés par carte bancaire. Dans la zone euro, les espèces ne représentent plus que 15 % de la masse monétaire M1, c'est-à-dire celle qui se rapproche le plus de ce que nous appelons la Monnaie de Consommation. Il est probable qu'elle diminuera encore au cours des décennies à venir. Mais, même si l'usage du portemonnaie électronique venait à être généralisé, les pièces et les billets seront encore longtemps utilisés, pour la raison que de nombreuses personnes y voient quelque chose de plus réel que la monnaie scripturale. Elles ont l'impression d'avoir un moyen de paiement plus concret, vers lequel elles peuvent se retourner en cas de crise bancaire. Certains économistes nostalgiques de la couverture or font de la Monnaie Espèces le nouvel étalon qui donne sa valeur à l'ensemble de la monnaie. C'est, en particulier, le cas de l'économiste allemand Helmut Creutz[1].

Derrière cette vision, nous pouvons voir persister la notion de marchandise qui rassure en semblant donner une valeur à la monnaie. Mais il y a là une illusion et un manque de confiance. L'illusion provient de la notion de cours forcé. Comme l'État a légalisé le paiement par le moyen des pièces et des billets, il n'est, en théorie, pas possible à un commerçant de refuser le règlement d'un achat par ce biais. Un billet de 100 € semble donc valoir 100 €. Mais on oublie que ce que permet d'acheter ce billet varie avec le temps. La ménagère le constate bien lorsqu'elle compare le contenu de son panier avec celui d'il y a vingt ans. Le billet de 100 € vaut donc très exactement ce qu'il permet d'acheter ! La valeur de la monnaie vient de l'économie réelle, sauf si des facteurs qui lui sont étrangers y apportent une perturbation.

---

1. Cf. Helmut Creuz, *Le syndrome de la monnaie*, éditions Economica

Le manque de confiance dont nous parlions plus haut est un manque de confiance dans la comptabilité. Avec le temps, la monnaie s'est dématérialisée pour devenir un ensemble d'écritures qui comptabilisent les échanges commerciaux. Si elle se limite à cela, comme nous voulons le faire avec la Monnaie de Consommation, alors cette monnaie est devenue de la comptabilité, laquelle, si elle est tenue avec rigueur, est aussi fiable que la comptabilité d'une entreprise.

Bien entendu, on pourra objecter que si une banque fait faillite, les clients perdent tout ce qui est sur leurs comptes, alors que l'argent qu'ils ont en poche leur reste acquit. Nous pourrions examiner si, dans le système actuel, cet argument est encore valable.

Mais dans celui que nous proposons, il devient caduc, car une Banque de Monnaie de Consommation n'a pas de raison de faire faillite. Elle n'effectue aucun placement spéculatif avec l'argent de ses clients. Elle ne touche pas à ces dépôts. Elle ne fait que les enregistrer. Si, avec le temps, elle n'avait pas suffisamment de clients pour couvrir ses frais généraux et qu'elle décidait d'arrêter son activité, il lui suffirait de transmettre à une autre banque la comptabilité des comptes de ses déposants. Celle-ci ouvrirait alors des comptes correspondants pour chacun des clients de l'ancienne banque. Pour ces derniers, cette opération équivaudrait à un transfert de compte d'un établissement bancaire à un autre. Leurs droits à consommer étaient enregistrés dans la banque A. Maintenant, ils le sont dans la banque B. Ces déposants n'ont rien perdu de par la cessation d'activité de la banque A.

Pour être tout à fait précis, la séparation entre le Compte de Mouvement de Fonds des Déposants et le Compte de Consommation Courante que possède la banque permet cette sécurisation totale pour les clients. La banque ne peut utiliser leurs dépôts. Pour ses propres dépenses, elle utilise un compte qui se trouve dans une autre banque. Cette cloison étanche entre les fonds de la banque et ceux des déposants offre une garantie totale. Dès lors, il n'y a aucune raison d'accorder davantage de valeur à la Monnaie Espèces qu'à la scripturale. Elles sont équivalentes et le passage de l'une à l'autre doit s'effectuer de la façon la plus simple.

Pour le particulier qui a besoin d'argent liquide, il n'y a pas de différence avec le système actuel. Il utilise sa carte bancaire dans un distributeur de billets ou se présente au guichet de sa banque. Mais comment celle-ci s'approvisionne-t-elle en Monnaie Espèces ?

La réponse à cette question est, finalement, assez rapide si l'on considère la monnaie comme un droit à consommer. Que ce droit soit exprimé sous forme de chiffres inscrits dans une comptabilité ou sur des rectangles de papier est secondaire. Il suffit donc qu'une institution gère la fabrication des pièces et des monnaies et qu'elle les fournisse à la Banque de Monnaie de Consommation lorsque celle-ci lui en fait la demande. Nous l'appelons l'Institut de Monnaie Espèces. En ce qui concerne la comptabilité, cette opération se présenterait comme dans le tableau page suivante.

Comptabilisation des opérations entre une banque et l'Institut de Monnaie Espèces

Comptabilité Banque de Monnaie de Consommation A

	ACTIF			PASSIF
	Mouvements Monnaie Scripturale	Mouvements Monnaie Espèces	Institut Monnaie Espèces	C.C.C. Durand
08.06.20_4 Demande Monnaie Espèce	100'000.00			
08.06.20_4 Transfert Monnaie Espèce		100'000.00	100'000.00	
10.06.20_4 Retrait Espèces Durand		400.00		400.00

Comptabilité Institut Monnaie Espèce

	ACTIF		PASSIF
	Mouvements Monnaie Scripturale	Mouvements Monnaie Espèces	Banque A
08.06.20_4 Demande Monnaie Espèce Banque A	100'000.00		100'000.00
10.06.20_4 Transfert Monnaie Espèce		100'000.00	100'000.00

NB : Le compte *Mouvements de Fonds des Déposants*, vu p. 94, est ici scindé en deux sous-comptes : *Mouvements Monnaie Scripturale et Mouvements Monnaie Espèces*

Nous employons le terme *Institut* pour désigner l'organisme qui fournit la Monnaie Espèces. Il ne s'agit pas d'une banque qui aurait des comptes de dépôt. L'Institut ne fait que convertir, en Monnaie Espèces, les droits à consommer qui étaient exprimés en monnaie scripturale.

Bien entendu, si la Banque A a trop de Monnaie Espèces, elle fera avec l'Institut de Monnaie Espèces, une opération de conversion en sens inverse.

L'Institut de Monnaie Espèces doit régler les frais de fabrication des pièces et des billets. De plus, comme tout organisme, il a des charges et il facture des frais pour les conversions qu'il traite. Pour toutes ces opérations, il dispose d'un Compte de Consommation Courante (CCC) dans une Banque de Monnaie de Consommation. Là encore, une cloison étanche doit exister entre la monnaie que l'Institut utilise pour son fonctionnement et celle qu'il convertit pour permettre aux banques d'avoir de la Monnaie Espèces ou de s'en défaire.

Dans cette proposition, on verra une grande différence avec la banque centrale telle qu'elle existe actuellement. L'Institut de Monnaie Espèces ne demande pas aux Banques de Monnaie de Consommation de déposer des titres ou d'autres actifs en échange de la Monnaie Espèces. Il ne se livre pas plus à ces sortes de tours de passe-passe que l'on appelle les Swaps. Il ne s'occupe pas de régler la quantité de monnaie en circulation, en jouant sur les taux directeurs. Il n'a pas besoin de le faire, car il n'y a pas de création ou de destruction monétaires à cet endroit. On l'aura compris, il ne s'agit pas d'un institut d'émission au sens habituel.

Un point important doit également être mentionné. La réglementation devra prévoir que les Banques de Monnaie de Consommation ne peuvent pas s'approvisionner en Monnaie Espèces ailleurs qu'à l'Institut de Monnaie Espèces. En particulier elles ne peuvent emprunter ou prêter à une autre banque. Si l'on a saisi la fonction de l'Institut, il apparaîtra que ces opérations entre banques n'auraient aucun sens.

Nous voyons ainsi se dessiner une nouvelle forme de monnaie qui tire son organisation de ce qu'elle est dans ses fondements : un droit à consommer. C'est en ne perdant pas de vue cette notion de base que nous pouvons résoudre la question monétaire la plus difficile, celle des changes. En la traitant, nous verrons apparaître des perspectives entièrement nouvelles pour un Système Monétaire International de l'Économie Réelle qui permette une *Économie à Valeurs Ajoutées Humaines*.

Chapitre 14

La convertibilité des
Monnaies de Consommation

Dans le jargon médiatico-économique, les années qui ont suivi la reconstruction de l'après-guerre sont appelées « les 30 glorieuses ». Si l'on se place du côté des pays les plus développés (économiquement), cette dénomination a peut-être un sens. Mais du point de vue des pays les plus pauvres, cette époque pourrait aussi s'appeler « les 30 honteuses ». Car elle correspond à la période au cours de laquelle les institutions issues de Bretton Woods ont eu un comportement innommable vis-à-vis de nombreux pays du Sud. Sous le prétexte d'amener ces pays dans le concert de l'économie de marché qui était censée leur permettre un bon développement économique, la Banque Mondiale et le Fonds Monétaire International ont, en réalité, orchestré le démantèlement économique social et culturel de la plupart de ces pays.

Bien souvent, les pays du Sud se sont retrouvés avec un endettement colossal vis-à-vis de la Banque Mondiale et du club d'investisseurs que celle-ci traînait dans son sillage. En suivant les conseils et les plans des experts du FMI et de la Banque Mondiale, ces pays se sont retrouvés dans une spirale telle qu'ils devaient emprunter pour payer ce que l'on appelle, le plus sérieusement du monde, le « service » de la dette. En général, après quelques années, ils avaient payé en intérêts davantage que les montants empruntés, sans avoir commencé à rembourser ces derniers. Ce n'est pas le lieu de décrire tout ce qui s'est passé et les conséquences catastrophiques des plans de redressement imposés par les experts. De nombreux observateurs l'ont fait et les livres sur ce sujet ne manquent pas[1].

Mais le désastre provoqué par les institutions de Bretton Woods devrait nous inciter à remonter jusqu'à la véritable cause du problème et à chercher comment faire en sorte qu'elle ne puisse plus agir de cette façon.

Il sera toujours possible de dire que tout le mal vient de l'incompétence des experts, liée à l'appétit vorace de financiers peu scrupuleux. Malheureusement, de tels propos montrent seulement que l'on s'en tient à des phénomènes de deuxième rang. Il faut remonter d'un cran et voir que le problème est d'abord monétaire et qu'il concerne tous les pays. Nous allons le décrire dans ses grandes lignes, puis regarder comment il se résoudrait en *Économie à Valeurs Ajoutées Humaines*.

Pour comprendre ce dont il s'agit, il suffit de se poser la question : peut-on envisager la situation extrême d'un pays qui n'aurait pas d'or, peu de matières premières et qui serait essentiellement importateur ; qui n'aurait donc

---

1. Voir, en particulier, Damien Millet & Eric Toussaint, *La dette ou la vie*, 2011, Aden Belgique Édition

pratiquement pas d'exportation et peu de touristes pour venir le visiter ?

Avec cette question nous sommes de nouveau devant un impensable. Nous allons oser franchir cette limite.

Dans son ouvrage sur les zones monétaires optimales selon la théorie de Robert A. Mundell, Philippe Narassiguin[1] laisse entendre que la question n'est pas si incongrue. Prenant l'exemple de l'Italie, au temps de la Lire, il montre que, dans ses échanges avec le Nord, la partie sud du pays est dans une situation chroniquement déficitaire. Autrement dit, si au lieu de deux régions, nous avions deux pays distincts, avec chacun sa monnaie, nous aurions l'Italie-Sud qui présenterait une balance commerciale constamment déficitaire dans ses échanges avec l'Italie-Nord. La Lire-Sud aurait tendance à se dévaluer, en permanence, face à la Lire-Nord. Le fait que ces deux pays aient eu la même monnaie (la Lire) masque le problème. Selon Narassiguin, il se déplace puisque des compensations vont s'opérer ailleurs, par exemple par des subventions de la partie nord du pays, vers les régions du sud ou par des transferts de travailleurs du Sud vers le Nord, les salaires y étant plus attractifs.

Cet économiste prend cet exemple si caractéristique pour mettre en relief une situation qui se produit dans de nombreux pays et, plus généralement, à l'intérieur de chaque zone monétaire, donc pour les pays de la zone euro.

Selon les conceptions traditionnelles de la monnaie, un pays qui n'aurait presque pas d'exportations et peu de touristes connaîtrait des difficultés insurmontables. Sa balance commerciale serait en permanence déficitaire. Sa

---

1. Cf. Philippe Narassiguin, *L'unification monétaire européenne*. Éditions Economica.

monnaie sortirait du pays pour payer les produits qu'il importe. Pour éviter qu'elle ne se dévalue, le pays devrait la racheter... avec d'autres monnaies.

Nous sommes donc devant une situation bien curieuse. Les entreprises importatrices de ce pays payent les marchandises qu'elles achètent. Puis, la banque centrale de ce même pays doit racheter sur les marchés des changes ou aux autres banques centrales, la monnaie qui a servi à régler les importations. Tout se passe donc comme si le pays devait payer deux fois. Nous voyons à quelle bizarrerie conduit le fait de considérer la monnaie comme une marchandise.

En procédant ainsi, on ne regarde pas ce qui se passe dans l'économie réelle. On met en place une superstructure monétaire qui fonctionne au-dessus de ce réel. En fait, il serait nécessaire de prendre en compte ce qui se déroule dans la production et les échanges commerciaux.

Dans le pays qui nous sert d'exemple, appelons le pays A, nous pouvons imaginer qu'il y ait une agriculture variée permettant de satisfaire une grande partie des besoins de la population. Le pays est également doté d'artisanats et d'industrie permettant de construire des maisons, produire de l'habillement, du mobilier, des livres, etc. Une part de la population se consacre au secteur tertiaire. Normalement, toutes ces activités dégagent un excédent d'exploitation. Les entreprises sont donc globalement bénéficiaires. On pourrait penser que la population de ce pays cherche à acquérir des biens et des services qu'elle n'a pas eus jusque-là. Elle pourrait chercher à les produire sur place. Mais elle peut aussi se les procurer à l'étranger. Des entreprises d'importations vont se créer qui proposeront des produits achetés, par exemple, dans le pays B. Les clients des importateurs du pays A régleront leurs achats avec ce qui provient du surplus de leur économie. Les importateurs seront bénéficiaires grâce à leurs ventes. Ils feront également travailler davantage leurs fournisseurs situés dans le pays B. Ces derniers auront reçu le paiement de leurs prestations. Jusqu'ici tout va bien et tout le monde est gagnant. Mais là, commence le problème. Il apparaît du fait que la monnaie de l'importateur n'est pas la même que celle de l'exportateur.

La monnaie, qui, à l'origine, est apparue pour faciliter l'échange, devient ici un obstacle. Ceci est contraire à l'économie réelle et provient du fait que l'on a perdu de vue ce qu'était la monnaie ; non pas une marchandise, mais un droit à consommer. Si nous la considérions comme elle devrait l'être, nous verrions que la chaîne des échanges ne s'interrompt pas chez les fournisseurs qui sont situés dans le pays B. Ceux-ci ont reçu, en contrepartie de leurs prestations, un droit à consommer exprimé dans la monnaie MA du pays A. Ils peuvent l'exercer en achetant des produits dans le pays A. Ou bien, ils utilisent ce potentiel en achetant des produits dans leur propre pays, avec leur monnaie MB. Dans ce dernier cas, ils feront travailler les entreprises de leur pays. Si nous suivons bien le processus de bout en bout, nous pouvons dire que les habitants du pays A ont augmenté l'activité économique des entreprises du pays B. Pour quelles raisons devraient-ils, en plus, racheter ce droit à consommer qu'ils ont eux-mêmes fourni ?

Cet exemple, bien que théorique, décrit un problème vital de l'économie mondiale et qui atteint son paroxysme dans les pays pauvres ou en développement. Pour le résoudre, il suffit de partir du fait que si un pays importe, c'est que son activité économique a dégagé les moyens nécessaires. Ceci devrait être suffisant. Pourquoi devrait-il en plus exporter pour avoir les moyens de racheter sa monnaie ? Ou bien, payer ses importations dans une monnaie facilement convertible comme le dollar ? Il y a là comme une double peine qui pénalise particulièrement les pays ayant peu de produits à exporter. C'est le cas des pays pauvres et en développement. Au cours des « 30 honteuses », ils ont été contraints d'orienter, de façon artificielle, leur économie vers l'exportation. En particulier dans le domaine agricole, ce qui a eu des conséquences désastreuses sur les populations locales. Le problème se présente autrement pour les pays qui ont une monnaie facilement convertible, comme le dollar, la livre sterling, l'Euro, le Yen, etc.

Dans un premier temps, ces monnaies ne sont pas rachetées par les banques centrales du pays émetteur. Elles continuent à circuler sur le marché des changes. Ce n'est que lorsqu'elles y deviennent trop abondantes que la banque centrale émettrice intervient pour la racheter. Ce fait n'est pas sans conséquence sur l'équilibre mondial de l'économie.

Pour le comprendre, reprenons l'exemple des pays A et B, lors d'un achat de marchandises de B vers A, payé en monnaie A. La quantité Q_{MA} est donc chez le fournisseur, situé dans le pays B. Celui-ci va convertir Q_{MA} en une certaine quantité de monnaie Q_{MB}. Supposons qu'il le fasse directement sur le marché des changes. Dans la zone monétaire B, existent donc simultanément deux quantités équivalentes Q_{MB} et Q_{MA}. Celui qui détient cette dernière, s'il s'agit d'une monnaie facilement convertible, a maintenant la possibilité de la prêter et même plusieurs fois. La quantité Q_{MA} va donc se multiplier et mener une vie autonome, à moins que les banques centrales des pays A et B n'interviennent.

Le scénario s'est produit à grande échelle, après la guerre, avec le dollar. Il a conduit à la création d'une masse importante d'argent que l'on a appelée les euro-dollars. Mais, en tout petit, il se répète à chaque opération de change et conduit au fait que, pendant un temps, la quantité de monnaie ayant servi au règlement d'une exportation existe en double. Elle exerce alors, même de façon légère, une influence sur la valeur de la monnaie et, en définitive, sur le prix. Une telle opération ayant lieu des milliers de fois, chaque jour, la tension engendrée devient plus sensible.

Une tendance au déséquilibre vit ainsi, de façon constante, dans les économies des pays à monnaie facilement convertible. Elle provient du fait que la masse monétaire est, en permanence, supérieure à ce qui est nécessaire pour tous les échanges commerciaux. Cette masse d'argent va alors alimenter l'économie spéculative, à moins que la banque centrale n'intervienne en achetant la monnaie MA avec sa monnaie MB, qu'elle crée pour la circonstance. Dans ce cas, au lieu d'avoir $Q_{MA} + Q_{MB}$, nous aurons $2Q_{MB}$ en circulation dans le pays B. Ce phénomène est bien connu des économistes. On l'appelle l'inflation importée. Mais il n'est pas regardé tout à fait sous cet angle, c'est-à-dire sous celui du droit à consommer. Car, sinon, le remède au déséquilibre ainsi créé serait apparu depuis longtemps.

Mettons-nous dans la situation de la Monnaie de Consommation. Le droit à consommer Q_{MA}, résultant de l'exportation de produits de B vers A, a doublé du fait de l'opération de change. Globalement, au niveau du pays B, il est devenu $2Q_{MB}$. Il y a donc $1Q_{MB}$ de trop. L'opération de change devrait, en réalité, consister en l'annulation de Q_{MA}. Le banquier enregistrerait l'entrée des Q_{MA} sur le Compte de Consommation Courante de l'exportateur. Mais il l'écrirait directement en monnaie MB. Le droit à consommer Q_{MA} que possède l'exportateur est exprimé en une quantité Q_{MB}. La banque indique donc seulement que l'exportateur exercera son droit à consommer dans le pays B.

En réalité le processus est analogue à celui que nous avons vu dans le cas de la conversion de monnaie scripturale en espèces, par l'Institut de Monnaie Espèces. Il serait imaginable de créer un Institut de conversion des monnaies qui fonctionnerait sur le modèle de celui de la Monnaie espèce.

Mais dans le cas de la conversion, il s'agit seulement d'enregistrer des écritures comptables. Une Banque de Monnaie de Consommation peut tout aussi bien le faire, ce qui simplifie l'administration.

Du point de vue technique, les logiciels auraient trois cases supplémentaires sur le compte Mouvements de Monnaie Scripturale. La première indiquerait la monnaie étrangère (dans notre exemple : MA) ; la deuxième, le montant Q_{MA} de la transaction en monnaie MA (par exemple 100'000), la troisième le taux de change (par exemple 1.5). Les comptes se présenteraient comme sur le tableau de la page suivante.

La monnaie MA est seulement indiquée. Elle n'entre pas dans la partie comptable proprement dite. Elle n'existe plus en tant que droit à consommer dans le pays A, puisque le fournisseur Lambda a décidé d'exercer ce droit dans son pays. La monnaie qu'il utilisera pour consommer sera MB.

Conçue de cette façon, l'opération de conversion colle à ce qu'est vraiment l'économie réelle. Elle n'introduit pas une distorsion dans la masse monétaire MB. Elle ne contraint pas la banque centrale du pays A à racheter une quantité de monnaie Q_{MA} qui ne correspond à rien chez elle puisque le droit à consommer qu'indique Q_{MA} ne s'exerce pas dans le pays A.

En procédant ainsi, la Monnaie de Consommation perd totalement son caractère de marchandise.

Alors se pose une question qui viendra tout naturelle-ment à l'esprit de tout économiste : comment déterminer le taux de change entre les monnaies ? Depuis l'éclate-ment du système de Bretton Woods, la parité des mon-naies est déterminée par l'offre et la demande. Si une monnaie est en excès, son cours baisse ; et inversement. De nombreux facteurs interviennent dans la quantité de monnaie offerte ou demandée. Certains sont liés aux échanges commerciaux, mais ceux qui sont les plus dé-terminants viennent de la sphère financière spéculative.

Comptabilisation des opérations en devises

Comptabilité Banque de Monnaie de consommation Y (Pays B)

		Monnaie	Montant	Cours	ACTIF	PASSIF
					Mouv. Monnaie Scripturale	C.C.C. Entreprise Lambda
23.07.20_6	Virement en provenance de la banque T (Pays A)	MA	100'000.00	1.5	150'000.00	150'000.00

En Monnaie de Consommation, la parité des monnaies proviendrait du potentiel de consommation de chacune. Ainsi, si la monnaie MA permet d'acheter 1.5 fois plus de marchandises dans le pays A que dans le pays B, nous aurons 1MA = 1.5MB. C'est donc le prix réel des marchandises et lui seul qui donnerait la parité entre les monnaies.

Il serait alors nécessaire que les pays s'accordent sur les produits entrant dans la composition du « panier de la ménagère », de façon que la base de référence soit identique[1].

Dans ce domaine, il ne serait pas possible d'atteindre une précision mathématique puisqu'un produit peut être plus cher dans un pays et un autre produit moins cher. Il s'agira donc d'avoir une sorte de moyenne qui reflète une tendance générale du pouvoir d'achat de chaque monnaie dans son pays. Mais on sera ainsi plus proche de la réalité économique que si l'on s'en remet à la seule spéculation sur les monnaies et aux manipulations des taux directeurs des banques centrales.

Nous avons ainsi montré qu'il existe une réponse à la question posée plus haut. En Monnaie de Consommation, un pays peut participer à l'économie mondiale tout en étant essentiellement importateur. Cette exigence d'un équilibre de la balance commerciale tombe d'elle-même. Et il est bien qu'il en soit ainsi puisque ce pays contribue par ses importations au bien-être des autres pays, en leur achetant des marchandises et des services.

L'économie mondiale gagnerait énormément à se tourner vers cette monnaie. Pour les pays exportateurs, elle

---

1. Voir le Panier de Consommation p. 243.

éliminerait le problème de l'inflation importée qui est
présente, même à dose infime, à chaque fois qu'une de-
vise entre dans un pays. Pour les pays pauvres et en développement, le gain serait énorme. Ils pourraient revenir
à une économie qui correspond à leur climat, leurs tradi-
tions et leurs modes de vie.

Beaucoup de voix s'élèvent pour réclamer l'annulation
de la dette du tiers-monde. Ce ne serait que justice d'y
parvenir. Mais cette mesure devrait s'accompagner d'une
décision encore plus importante : adopter un système
monétaire qui supprime la cause de cet endettement[1].

Le fait de considérer la monnaie comme un droit à
consommer conduit à une approche de l'économie entièrement différente de celle qui a prévalu et qui prétend
encore régner aujourd'hui. Car, toutes les théories qui ont
présidé aux destinées du monde de l'après-guerre,
qu'elles viennent du côté de John Maynard Keynes ou de
celui de Milton Friedmann, qu'elles soient de gauche ou
de droite, toutes ont en commun de considérer l'argent
comme une marchandise. Il est certain que ceux qui se
sont nourris de ces théories, et que ceux qui se sont en-
graissés de leurs conséquences n'accorderont aucun crédit à une monnaie qui ne serait qu'un droit à consommer.
Et ils vont pousser des cris encore plus forts lorsqu'ils
découvriront ce qui va venir dans les chapitres suivants,
lorsqu'il sera question de la Monnaie de Financement.

La réaction de ces personnes est, bien entendu, prévi-
sible. On peut comprendre qu'elles aient un attachement
fort à des idées, ou même un attachement encore plus
fort aux résultats personnels que leur procure ce type de

---

1. D'autres aspects de cette question sont exposés dans le chapitre
consacré au nouveau Système Monétaire International.

monnaie. Mais il convient de leur rappeler que le système qu'ils défendent ne fonctionne pas ; qu'il produit de plus en plus de pauvreté et de dégâts dans la société.

Les théoriciens de ce type de monnaie et les financiers qui en tirent profit sont sans doute les personnes les moins qualifiées pour porter un jugement objectif sur la Monnaie de Consommation. Ils ont trop d'intérêts à défendre pour que leur jugement soit objectif. À moins qu'ils n'ouvrent les yeux sur la réalité du monde et ne développent l'abnégation qui consisterait à renoncer à ce qui les a fait vivre jusqu'ici. Étant donné l'ampleur de la crise économique actuelle, il n'est pas impossible que de tels revirements se manifestent, même de façon isolée.

Nous avons donc établi les bases d'une Monnaie de Consommation adaptée aux besoins de l'économie réelle, à son service. Nous pouvons maintenant nous tourner vers la deuxième forme de monnaie, celle qui est nécessaire pour le financement des activités de l'économie réelle. En découvrant sa nature, nous trouverons un début de réponse à des questions qui n'auront pas manqué de surgir à la lecture de ce qui précède. En particulier, nous verrons se dissoudre complètement l'image classique de la banque et nous en finirons avec la notion de balance des paiements.

Chapitre 15

Le prêt sans intérêt

Le financement de l'économie traditionnelle repose en grande partie sur l'emprunt. Si l'on a bien compris la nature de la Monnaie de Consommation, l'on ne sera pas étonné que le prêt y joue un rôle encore plus important, puisque l'accumulation d'argent y est découragée, la monnaie épargnée perdant 10 % de sa valeur. Pour financer l'activité, il faudra donc avoir recours au crédit.

Or, habituellement, qui dit emprunt dit intérêt. Nous sommes conditionnés à ne pas penser l'un sans l'autre. Avant d'aborder la nouvelle Monnaie de Financement, il est donc nécessaire de se mettre au clair sur la notion d'intérêt.

Au niveau du budget d'un particulier, l'impact de l'intérêt sur un crédit à la consommation est déjà significatif. Pour un leasing sur une voiture d'un montant de 20'000 € sur 4 ans, au taux de 5.5 %, les intérêts à payer chaque mois s'élèvent à environ 50 €. Au total, l'emprunteur aura remboursé 112 % de la somme empruntée. Le véhicule lui a donc coûté 12 % de plus que le prix d'achat initial. Même si ce surcoût est réparti sur quatre années, il correspond bien, en termes bruts, à une augmentation du prix d'achat, pour le client. Mais pour le vendeur, le prix n'a pas bougé. La différence entre prix de vente et prix d'achat réel est encaissée par l'organisme de crédit.

Dans le cas du financement d'un bien immobilier, sur 20 ans, cette différence grimpe à 45 % pour un taux hypothécaire de 4 % et à 72 % si le taux est à 6 %. Les montants en jeux étant alors beaucoup plus importants que dans le cas du leasing de voitures, il devient évident que le coût du crédit dépasse de loin les frais de gestion du dossier pour l'organisme de crédit. Par exemple, pour une hypothèque de 300'000 €, l'emprunteur réglera, sous forme d'intérêts, 136'000 € (à 4 %) ou 215'000 € (à 6 %). Si le prêt s'étale sur 30 ans, les chiffres sont encore plus éloquents: 62 % d'intérêts à 3.5 %, 82 % (pour un taux à 4 %) et 216 % (taux à 6 %).

Certains pourraient faire valoir que ces montants ne font que rattraper l'inflation. En effet, une inflation de 2 % sur 20 ans multiplie les prix par 1.486. Un taux de 3 % sur la même durée donne une augmentation totale de 80.6 %[1]. Autrement dit, le bien immobilier, s'il était acheté vingt ans plus tard coûterait plus cher, en raison de l'inflation. Pour le dire autrement, le prêteur, en appliquant un taux d'intérêt, cherche, au minimum, à préserver le pouvoir d'achat de son argent[2].

Les défenseurs de ce point de vue semblent négliger un aspect important : l'intérêt est lui-même l'un des

---

1. Le calcul est le suivant: $1.02^{20} = 1.486$ et $1.03^{20} = 1.806$
2. Encore faudrait-il tenir compte du fait que l'organisme prêteur place, au fur et à mesure, les sommes qui lui sont remboursées.

principaux générateurs de l'augmentation des prix. Dans chaque bien, dans chaque service, est incluse la part que l'entreprise paye en intérêt pour ses emprunts, augmentée de la part de salaire versée à ses employés pour leur permettre de régler tous les mois les intérêts de leurs emprunts, notamment ceux qui sont destinés au financement de l'immobilier. En supprimant l'intérêt, ce sont les prix qui pourraient baisser.

Helmut Creuz a étudié dans le détail cette question et est arrivé à la conclusion qu'en 1997 « les ménages, directement ou indirectement, paient en moyenne pour chaque deutschemark dépensé 40 pfennigs d'intérêts ». Autrement dit, par le biais de l'intérêt, les prix sont multipliés par 1.671.

Remarquons que le principe de l'intérêt tend également à exercer une pression inflationniste par un autre biais. En effet, celui qui emprunte à taux fixe a tout intérêt à ce que les prix augmentent et que les salaires suivent. Ainsi la part de son salaire qu'il consacre au remboursement de l'emprunt tendra à diminuer, si nous sommes en présence d'une véritable inflation. Ainsi, la spirale d'augmentation prix/salaire bénéficie à la fois à l'entreprise et au salarié, lorsqu'ils sont tous les deux en situation d'emprunteur.

Du côté du prêteur, il convient de distinguer si l'argent provient d'une accumulation passée ou bien est créé au moment de la conclusion du prêt. Cette distinction sera importante quand nous proposerons une nouvelle forme d'argent de prêt.

Dans la situation actuelle, la différence n'est pas si grande. Car le volume de prêts qu'une banque peut

---

1. Helmut Creutz, *Le syndrome de la monnaie*, Economica 2008, p. 240.

consentir est proportionnel au montant de fonds propres qu'elle possède. Ces derniers sont précisément de l'argent accumulé. Autrement dit, dans le système actuel, l'intérêt ne se justifie que si l'on veut maintenir le pouvoir d'achat de l'argent qui provient d'une accumulation passée. Dans le cas de la Monnaie de Consommation, cette prétention tombe d'elle-même puisqu'il n'est plus question d'accumuler. Au contraire, tout est fait pour que la monnaie qui tend à être thésaurisée perde de sa valeur, de façon que la quantité de droits à consommer corresponde, au plus près, à l'activité de l'économie réelle.

Si certains doutaient encore du fait que l'intérêt exerce un effet désorganisateur dans l'économie, il leur suffit de regarder son action non plus seulement au niveau des entreprises et des particuliers, mais également à celui des États. Et là nous avons à considérer en tout premier lieu les pays en développement. Mais la situation des autres États, notamment occidentaux, est en train de nous montrer que le prêt monétaire à intérêt conduit à une impasse.

Le problème de l'endettement des pays en développement (PED) est bien connu de tous ceux qui ont suivi l'évolution de l'économie au cours de la deuxième moitié du XXe siècle.

Nous n'allons pas le traiter en détail. Les ouvrages à ce sujet ne manquent pas[1]. Évoquons seulement quelques chiffres qui parlent d'eux-mêmes.

En 1981, le taux d'intérêt américain (Prime Rate), qui déterminait le taux auquel les PED empruntaient, a

---

1. Damien Millet & Eric Toussaint, *La dette ou la vie*, 2011, Aden Belgique Édition

culminé à 18.9 %. Pour avoir un point de repère, un pays comme la Suisse considère qu'un taux d'intérêt supérieur à 18 % est usuraire. La Constitution Fédérale interdit de prêter au-dessus de 18 %. Selon le droit helvétique, les prêts consentis aux PED en 1981 avaient donc des taux usuraires.

Pour un prêt sur 30 ans à 18.9 %, le coût total est considérable. Pour 1 million emprunté, les intérêts totaux à payer s'élèvent à 5.6 millions, autrement dit 560 % de la somme empruntée. Dans la réalité, les remboursements auxquels les PED ont dû faire face étaient encore plus élevés. En 1950, l'ensemble des 165 PED devait au reste du monde (dette externe) 541 milliards de dollars. À la fin 2004, ils avaient remboursé 5'300 milliards de dollars. Mais ils n'étaient pas encore dégagés de leur endettement, car ils avaient encore un solde de 2'400 milliards de dollars.

Comme le dit Éric Toussaint : « *Pour 1 $ dû en 1980, les PED en ont remboursé presque 10, mais en doivent aujourd'hui presque 5* ». Après un quart de siècle et malgré un remboursement colossal, l'emprunteur doit encore cinq fois la somme empruntée. Nous sommes bien au-delà des 560 % mentionnés plus haut. Comment est-ce possible ?

L'explication tient en cinq mots : la spirale de l'endettement. Elle se déclenche lorsque celui qui n'a pas les moyens de faire face aux échéances est contraint d'emprunter pour payer les seuls intérêts. Nombreux sont les PED qui sont entrés dans ce cycle infernal qui, au fond, n'a plus aucun sens ni sur le plan économique ni sur le plan humain. Mais ce sont pourtant des institutions humaines qui en sont à l'origine, en particulier le Fonds Monétaire International et la Banque Mondiale.

Nous sommes face à l'un des problèmes majeurs de notre époque. Il a été caractérisé dans les termes les plus nets par le jeune président du Burkina-Faso Thomas Sankara, trois mois avant son assassinat, dans un discours prononcé lors de la 25ᵉ conférence de l'Organisation de l'Unité Africaine, le 29 juillet 1987 : « *La dette, c'est encore les néocolonialistes ou les colonisateurs qui se sont transformés en assistants techniques. En fait, nous devrions dire qui se sont transformés en assassins techniques. Et ce sont eux qui nous ont proposé des sources de financement, des bailleurs de fonds, un terme que l'on emploie chaque jour comme s'il y avait des hommes dont le bâillement suffisait à créer le développement chez d'autres. Ces bailleurs de fonds nous ont été conseillés, recommandés. On nous a présenté des montages financiers alléchants, des dossiers. Nous nous sommes endettés pour cinquante ans, soixante ans et même plus. C'est-à-dire que l'on nous a amenés à compromettre nos peuples pendant cinquante ans et plus.*

Mais la dette, sous sa forme actuelle, contrôlée et dominée par l'impérialisme, est une reconquête savamment organisée, pour que l'Afrique, sa croissance et son développement obéissent à des paliers, à des normes qui nous sont totalement étrangères, faisant en sorte que chacun de nous devienne l'esclave financier, c'est-à-dire l'esclave tout court, de ceux qui ont eu l'opportunité, la ruse, la fourberie de placer des fonds chez nous avec l'obligation de rembourser »[1].

---

1. Voir le discours sur http://www.thomassankara.net/spip.php?article351

L'expression « assassins techniques » paraîtra forte à certains. Mais un examen attentif de la situation de la plupart des PED montre qu'elle ne l'est pas. En Économie à Valeurs Ajoutées Humaines nous devons nous habituer à suivre chaque événement économique dans toutes ses conséquences, à la fois directes et indirectes.

Ainsi, l'accroissement de la mortalité par malnutrition dans les Pays pauvres peut être mis en lien avec le problème de la dette externe de ces pays. Nous pourrions multiplier les exemples qui montreraient l'effet destructeur, sur les peuples et les civilisations, d'une certaine conception de l'endettement et de l'intérêt.

Notons que, parmi les effets, certains sont de type « boomerang » puisque la dégradation des conditions économiques et sociales dans les PED conduit à des migrations de populations vers les pays dits développés. Le transfert des capitaux depuis les PED vers les pays riches s'accompagne d'une forme de transfert de personnes qui n'ont plus d'autres solutions que de tenter de trouver refuge chez ces derniers.

En économie, la désorganisation provoquée à un endroit revient toujours vers nous. Sous une forme ou sous une autre, nous devons en payer le prix.

La fin du siècle passé a donc été notamment marquée par l'endettement des pays en développement et des pays pauvres. À ce problème, toujours actuel, vient s'ajouter celui de l'endettement des pays à l'économie développée. Il est en train de suivre la même courbe ascendante.

En France, par exemple, la dette publique était de 21.1 % du PIB en 1978. Courant 2013, elle atteint 93.4 %.

Certains pays ont déjà dépassé les 100 %. Il s'ensuit que la charge de la dette atteint des proportions préoccupantes. En 2013, il en coûte à l'État français 47 milliards d'Euros, soit 14.2 % de ses recettes budgétaires. La France dépense plus dans ce domaine que pour l'éducation.

De tels chiffres sont souvent abstraits. Ils deviennent concrets lorsqu'on les ramène à certaines réalités. Ce que paye la France en intérêts, soit 47 milliards, représente 2 millions de SMIC, chargés, sur une année ou le revenu annuel de 1'300'000 personnes payées au salaire médian (1'675 €/mois net + charges). En période de crise économique, on peut imaginer ce que provoquerait l'injection de 47 milliards sous forme de pouvoir d'achat. Cette somme colossale pourrait venir soutenir l'économie réelle au lieu d'alimenter le virtuel.

Car il ne faut pas se leurrer : les intérêts de la dette viennent sur les comptes de gros organismes prêteurs qui les réinvestissent dans la finance spéculative. Nous voyons comment celle-ci pompe à l'économie réelle des sommes de plus en plus grandes, menaçant l'ensemble de l'économie mondiale.

Dans les années qui viennent, ce problème risque de devenir insoluble si nous n'abordons pas de face la notion même d'intérêt. Les faillites d'États, de collectivités territoriales et de villes ne sont pas à exclure. Nous avons le cas concret de la Grèce et un défaut de paiement des USA est du domaine du vraisemblable, comme nous en avons eu un exemple en août 2011, puis en octobre 2013.

Encore une fois, il ne s'agit pas de partir de considérations morales ou religieuses pour traiter cette question. Les faits économiques sont suffisamment parlants. À la longue, l'économie ne ment jamais. Elle finit toujours par révéler les problèmes que l'on a introduits en elle.

L'expression « Le service de la dette » est d'ailleurs instructive. Lorsqu'un Pays en Développement en vient à payer, sous forme d'intérêts, 10 fois la somme empruntée, ou quand la France paye 46 milliards pour le service annuel de sa dette, on est en droit de se demander quel rapport il y a avec le service rendu.

La crise de la dette souveraine qui secoue l'Euro nous invite aussi à regarder les choses sous un autre angle. En effet, nous pouvons nous demander si les excès du mécanisme des intérêts ne conduisent pas d'eux-mêmes à ce qu'il s'annihile. Déjà la BCE, pour éviter une faillite des banques européennes de second rang, met en place des mises à dispositions colossales de prêts au taux de 1 %, ce qui est sensiblement plus bas que ce qu'elles peuvent obtenir sur les marchés. Mais durant la crise des subprimes, en 2008, la Federal Reserve Bank a été beaucoup plus loin. Elle a secrètement prêté, aux banques US, 1'200 milliards de dollars, au taux de 0.01 %. Autrement dit, pour que le système n'implose pas, le taux de base est ramené à une valeur quasiment nulle[1].

---

1. Au plus fort de la dépression des années 90, la banque centrale du Japon a même pratiqué un taux nul. En août 2012, l'État français a emprunté à un taux légèrement négatif. C'est-à-dire que la situation était devenue si grave que les détenteurs de capitaux ne savaient plus où placer leur argent et qu'ils ont payé pour le prêter !

Comme le montrent Michel Rocard et Pierre Larrouturou, la BCE pourrait faire de même, mais en faveur des États[2]. En réalité, il faudrait aller plus loin et se poser la question de fond, celle de la justification de l'intérêt.

Une *Économie à Valeurs Ajoutées Humaines* ne parlerait plus d'intérêts. Elle évaluerait le service fourni par l'organisme prêteur comme pour tout autre service, celui d'un comptable, d'un avocat ou d'un informaticien. Seule la valeur ajoutée par l'organisme devrait intervenir dans ce que l'on appelle le service de la dette.

Encore faudrait-il pondérer le coût de ce service par la notion de service public de la monnaie, comme nous le verrons au chapitre consacré à cette question.

Nous voyons ainsi que nous sommes conduits à nouveau à penser l'impensable. Face au chaos de l'économie actuelle, nous ne pouvons plus éviter de remettre en cause la notion d'intérêt telle qu'elle est pratiquée aujourd'hui. Mais pour parvenir à concevoir une économie sans intérêts, il nous faudra revoir entièrement une autre notion : celle de la Monnaie de Financement.

---

1. Michel Rocard et Pierre Larrouturou, *Pourquoi faut-il que les États payent 600 fois plus que les banques*, Le Monde du 3 janvier 2012

Chapitre 16

Taux directeurs et banques centrales

Dans l'économie qui s'est mise en place à partir des accords de Bretton Woods, la question des taux d'intérêt a pris une place importante, laquelle s'est encore accrue après l'éclatement du système de changes fixes et davantage encore ces dernières années lorsque le rôle de l'or dans les réserves de changes des banques centrales est passé à l'arrière-plan. Aujourd'hui, le taux d'intérêt de base des banques centrales est devenu l'outil principal de la politique monétaire. Les acteurs de l'économie, les décideurs politiques et les médias sont à l'écoute des décisions de la Fed ou de la BCE. Vont-elles baisser leurs taux directeurs ou maintenir le statu quo ?

La détermination des taux des banques centrales conditionne tous les autres taux d'intérêt sur la planète et par là le loyer de l'argent pour les entreprises et les particuliers. Mais ce n'est pas le seul impact. Par exemple, un taux directeur qui augmente aux États-Unis peut, dans certaines conditions, avoir pour effet d'attirer les capitaux et ainsi faire remonter le dollar.

Pour une banque centrale, la maîtrise de l'inflation
passe par un dosage subtil des variations des taux directeurs. Ainsi la valeur d'une monnaie est en grande partie
conditionnée par les changements opérés sur ces taux.
Nous voyons à quel point la question de l'intérêt joue un
rôle central dans l'ensemble de l'économie. Elle en est
devenue le pivot.

Mais cette situation tient au fait que la monnaie elle-
même est considérée comme une marchandise dont le
cours peut varier. Considérons bien ce problème. Normalement, un étalon de mesure ne varie pas en fonction des
circonstances. Le mètre mesure toujours la même longueur. Le litre offre toujours la même contenance. En
économie, ce qui devrait varier c'est le prix et non la valeur de l'instrument de mesure, c'est-à-dire la monnaie.
Un prix peut varier en raison de circonstances liées à la
production elle-même. Par exemple, il peut baisser du fait
que l'on a inventé une nouvelle méthode de production,
ou bien que l'on a amélioré la gestion de l'entreprise. Les
facteurs de variations du prix peuvent être nombreux.
Mais pour bien les mesurer, un référentiel est indispensable. Si vous changez celui-ci, vous n'avez plus de sol
ferme.

Lorsque l'Euro augmente, une marchandise produite
en Hollande vaut tout à coup plus cher sur le marché
américain. Or les raisons qui provoquent cette augmentation de l'Euro sont presque toujours d'ordre financier et
relèvent d'une finance spéculative. Dans la plupart des

cas, ce n'est pas un facteur agissant dans l'économie réelle qui change la valeur de la monnaie. Rappelons que la part de l'économie réelle dans les échanges financiers mondiaux est inférieure à 8 %.

Nous avons vu qu'avec la Monnaie de Consommation, la détermination de la parité entre deux monnaies se faisait à partir des conditions économiques réelles, c'est-à-dire en comparant les indices des prix. Sur cette base, les variations de parité devraient être lentes et espacées dans le temps.

Dans notre économie déboussolée, les taux de changes varient d'un jour à l'autre, même d'une minute à l'autre. De cette façon, l'économie ne peut qu'être déréglée. Elle est arythmique. Elle est comme un cœur qui souffrirait de crises permanentes de palpitations. Pour régler un tel cœur, on aura recours à un pacemaker. Mais cet appareil agit depuis l'extérieur sur l'organe, il est une sorte de béquille électrique. Il ne procède pas de la vitalité même du cœur. Si celui-ci est arrivé en fin de vie, l'on peut comprendre qu'il soit nécessaire de lui implanter un tel appareil. Mais aucun médecin n'affirmera que le cœur équipé d'un pacemaker représente le fonctionnement normal de cet organe et qu'il faudrait le généraliser sur tous les êtres humains.

La variation des taux directeurs des banques centrales agit comme un pacemaker. Elle envoie des impulsions à la monnaie depuis l'extérieur, comme si elle considérait que l'économie ne pouvait vivre que dans un état pathologique et n'avait pas des forces internes capables d'apporter une autre forme de régulation.

Mais peut-être convient-il de regarder la chose autrement. Notre économie basée sur la marchandisation de la monnaie est malade. Notre système monétaire est lui-même en fin de vie. Il est atteint d'une arythmie chronique qui ne peut plus être maîtrisée par des voies naturelles. Différents moyens ont été essayés au cours du 20e siècle. L'un d'entre eux s'est, avec le temps, imposé par son efficacité. Effectivement, les impulsions données aux taux directeurs agissent. Mais l'effet du meilleur des pacemakers n'a qu'un temps et le dysfonctionnement du cœur finit par l'emporter ou bien le problème de l'arythmie va se déplacer sur un autre organe.

Depuis la grande déflation qu'a connue le Japon cette dernière décennie, nous voyons les limites d'une thérapie par les taux de base. Pour relancer l'économie, ce pays a appliqué un taux directeur nul et parfois négatif. Pourtant, l'économie peinait à se relancer. La crise financière qui a débuté en 2007 montre également l'usure de cette thérapie. Avec des taux directeurs à 0,25 %, non seulement l'économie réelle ne paraît pas redémarrer, mais une nouvelle bulle financière est en train de se recréer dont l'éclatement risque de provoquer de nouveaux ravages.

La méthode de régulation de la monnaie par les taux directeurs consiste donc à considérer l'économie comme un corps atteint d'une maladie.

En dernier ressort, l'économie ne ment jamais. Elle révèle ce que l'on a introduit en elle. Si l'action sur les taux directeurs est devenue le pacemaker de la monnaie marchandise, c'est que celle-ci est arrivée à un stade ultime.

Beaucoup d'ouvrages ont été écrits pour vanter cet outil. Ils sont saturés d'intelligence et témoignent d'une grande science tout comme la mise au point du pacemaker. Mais ne nous trompons pas. Il s'agit là d'un outil s'appliquant à un état pathologique de la monnaie et de l'économie.

De même que l'humain n'est pas né pour porter un pacemaker, de même il n'est pas inhérent à l'économie d'être impulsée de l'extérieur par les variations des taux de base. Si nous prenons ce fait au sérieux, nous orienterons notre recherche vers une compréhension des facteurs de santé de l'économie. Nous apprendrons à discerner ce qui la rend malade de ce qui la rend saine.

De même qu'un organe porte dans sa propre nature les conditions de sa santé, de même l'économie porte en elle un état potentiel sain, dans la mesure où on n'y introduit pas de corps étrangers qu'elle ne peut supporter, à la longue. La marchandisation de la monnaie est l'un de ces éléments étrangers. L'intérêt est l'un des moyens de rémunérer cette marchandisation.

Faire de la variation des taux d'intérêt le moyen de soigner les déséquilibres nés de la monnaie-marchandise, c'est introduire l'agent pathogène d'une maladie dans un corps atteint par celle-ci. L'état du malade ne fera que s'aggraver. C'est bien ce à quoi nous assistons dans les crises à répétition de l'économie, particulièrement dans celle qui a débuté en 2007 et qui se prolonge dans la crise des dettes souveraines.

Il nous fallait donc encore approfondir cette question de l'intérêt, en montrant la façon dont elle se manifeste aujourd'hui au cœur des institutions chargées de réguler la monnaie.

Nous allons maintenant voir pourquoi ces institutions ne sont pas une nécessité pour l'économie et par quoi elles pourraient être remplacées.

Chapitre 17

La banque centrale, un anachronisme

Avec la crise des *subprimes* et celle de l'endettement des États, les banques centrales sont de nouveau sur le devant de la scène. Le rôle qu'on leur attribue généralement, celui de prêteur en dernier ressort, se voit renforcé. Pour faire face aux défaillances des banques, des compagnies d'assurances et de réassurances, pour faire face aux risques de défaillances des États européens, à commencer par la Grèce, il ne restait plus que les banques centrales. Si l'on voulait éviter un blocage général du système monétaire, qui aurait conduit à un crash mondial, il fallait, comme l'écrit la Banque de France, « offrir des montants illimités de liquidité »[1]

Dans ce but, ces institutions n'ont pas hésité à recourir à des pratiques qui, il y a peu et notamment lors de la création de la BCE, étaient jugées comme étant contraires à leurs propres statuts et également comme étant hérétiques, au niveau de la doctrine économique.

---

1. « Les banques centrales, et particulièrement la Banque Centrale Européenne, ont mis en place des mesures de soutien à la liquidité à court terme selon plusieurs axes (...) afin d'offrir des montants illimités de liquidité. » Dans Documents et débats, janvier 2010, N° 3, publié par la Banque de France, p. 44.

Au moment de l'éclatement de la crise de la dette grecque, l'arme des taux directeurs censée régler le fonctionnement de la monnaie était utilisée au maximum de sa capacité : La Fed est passée de 5.25 % en 2001 à 0.25 % en 2010, la BCE de 4.25 % en 2008 à 0.25 % en 2010. Les taux de la Bank of England et de la Banque Nationale Suisse ont atteint les mêmes seuils inférieurs ; quant au Japon il les avait dépassés depuis 2000, allant jusqu'à des taux nuls et même négatifs. L'outil classique se révélant insuffisant, les banques centrales ont eu recours à ce qu'elles appellent des mesures non conventionnelles.

La première est le *quantitative easing*, que la Banque de France présente ainsi :

« *La banque centrale tente de "saturer" la demande de monnaie des agents économiques, en espérant que ceux-ci dépenseront directement leurs encaisses excédentaires. C'est pourquoi, très souvent, l'offre de monnaie est canalisée vers le seul agent dont on est certain qu'il dépensera : l'État via son déficit budgétaire. Les politiques d'achats de titres de la dette publique par les banques centrales représentent donc une des formes les plus utilisées de quantitative easings* »[1]

La deuxième mesure non conventionnelle est le *credit easing* qui, dans la même publication, est présenté, deux paragraphes plus loin :

« *Si le canal de crédit est bloqué, la banque centrale peut se substituer aux banques commerciales et au marché pour financer directement l'économie. Concrètement, la banque centrale élargit dans un premier temps la*

---

[1]. Op. cit. p. 48.

gamme des crédits à l'économie qu'elle refinance puis peut se porter directement acheteuse de titres représentant des crédits à l'économie : billets de trésorerie, obligations privées, bons hypothécaires. Ces opérations de credit easing ont un double effet : elles réaniment le marché de ces titres ; elles procurent directement des financements à l'économie. En contrepartie, toutefois, la banque centrale doit assumer un risque de crédit et de taux qui n'entre pas dans sa fonction ordinaire. »

Par ces deux mesures, on assouplit les conditions de la création monétaire. Autrement dit la monnaie n'est plus adossée aux valeurs habituelles. Elle est créée sur des bases arbitraires. Le cadre de la création monétaire n'étant plus suffisant, on l'élargit.

Faut-il donc que le système soit en bout de course pour qu'il en arrive à de telles contradictions ! Mais lorsque tous les expédients auront été épuisés, que fera-t-on ? Aura-t-on le courage de se poser les vraies questions concernant la nature de la monnaie et la réalité des banques centrales ?

Ces questions, les événements passés avaient fourni plusieurs occasions de se les poser. Mais elles n'ont pas été saisies, parce que nous continuons à considérer la monnaie comme une marchandise. Bien que nous nous soyons dotés d'outils économiques très sophistiqués, nous laissons perdurer dans nos conceptions un élément qui relève de l'époque du troc. Nous échangeons un stock de marchandises contre un stock d'argent.

À l'époque des pièces d'or, il était compréhensible que l'on ait cette impression. Mais au fur et à mesure que l'or se retirait de la circulation monétaire, on aurait pu s'interroger sur le changement fondamental qu'apportaient les pièces et les billets. Puis, avec la généralisation de l'écriture scripturale, cette question aurait dû sauter aux yeux des économistes.

Il est intéressant de constater que l'époque qui voit la suppression de la convertibilité en or de la monnaie fiduciaire à la veille de la guerre de 14 est aussi celle de l'émergence des banques centrales (notamment de la Fed qui a été fondée en 1913). Ces institutions avaient pour objectif de régler l'émission monétaire en fonction du stock d'or et de devises qu'elles détenaient.

Qu'au sortir de la Première Guerre mondiale on n'ait pas vu que la production mondiale d'or ne suivrait jamais celle du commerce, cela est encore compréhensible. Mais il est surprenant que l'on ait persisté dans cette voie, à Bretton Woods, lorsque la parité du dollar a été définie par rapport à l'or. Les problèmes posés, dans l'entre-deux-guerres, par le maintien d'un étalon-or pour la livre sterling étaient pourtant connus.

Certes, des intérêts puissants étaient en jeu. Les Américains voulaient imposer le dollar comme monnaie de réserve à la place de la livre sterling. Mais ceci n'explique pas tout. Car l'ensemble des pays a continué de conserver des réserves d'or dans ses banques centrales et les quotes-parts que chacun versait au Fonds Monétaire International étaient constituées d'or, pour partie.

Nous étions bien dans une forme de Gold Exchange Standard. Et s'il n'avait été fixé sur le dollar, il l'aurait été sur un panier de monnaies, à moins que ce ne soit sur une monnaie – banque centrale telle que l'imaginait J.M. Keynes, le *bancor*.

Dans tous les cas, on aurait continué à transmettre, dans les universités, la même vision de la monnaie conçue comme une marchandise stockable. C'est cette représentation erronée qu'il faudrait d'abord transformer si l'on voulait parvenir à une nouvelle forme de Système Monétaire International. Or il n'y a aucune marchandise au monde qui puisse exister en quantité suffisante pour servir de couverture à la monnaie, à moins de prendre des graviers ou des grains de sable, ce qui n'aurait guère de sens.

Si la monnaie ne peut être adossée à une marchandise en particulier, c'est pour la raison qu'elle l'est à toutes. C'est l'ensemble des biens et services échangés, dans une région, à un moment déterminé qui lui confère sa réalité. En elle-même, elle n'en a pas, tout au moins sur le plan matériel. Comme toute unité de mesure, elle est une convention. Elle relève donc du domaine du conceptuel.

L'étude de l'évolution de la monnaie le montre bien. Avec l'apparition du virement bancaire, la monnaie s'est dématérialisée. On dit souvent qu'elle est devenue un jeu d'écriture. Mais ce n'est pas un jeu. Lorsqu'un salaire de 1'500 € passe du compte d'une entreprise sur celui d'un de ses employés, il s'agit d'un enregistrement d'écritures comptable tout à fait réel, mais qui ne s'accompagne pas d'un transfert matériel de monnaie.

Par le virement, la monnaie est devenue comptabilité. Peu importe le moyen matériel utilisé pour transmettre le virement. Que ce soit un ordre écrit sur du papier ou qu'il soit effectué par Internet, que ce soit un paiement par carte bancaire ou avec un portemonnaie électronique, dans tous les cas il s'agit du transfert de compte à compte que l'on appelle un virement et qui se résume à un enregistrement d'opérations comptables. Aucune espèce sonnante et trébuchante n'a été utilisée.

Ce recours à la monnaie scripturale n'a fait que s'accentuer au cours du XXe siècle et il continuera de le faire durant le XXIe. Cette tendance à la dématérialisation est inéluctable, parce qu'elle est inhérente à la monnaie elle-même lorsque celle-ci est regardée comme un instrument de mesure, une unité de compte. Mais si l'on continue à la considérer comme une marchandise que l'on peut accumuler, alors qu'elle n'est plus matérielle, on se trouve devant une contradiction. Pour la résoudre, ou plutôt pour se donner l'impression que l'on va la résoudre, on invente des procédés, des mécanismes pour adosser la monnaie à quelque chose qui semblerait plus tangible.

Dans le système de Bretton Woods, les réserves de change des banques centrales étaient constituées d'or et de devises. En 1967, en pleine crise de l'or et du dollar, les pays adhérents au Fonds Monétaire International ont créé de toutes pièces les Droits de Tirage Spéciaux (DTS), une sorte de monnaie ne circulant qu'entre banques centrales et servant à régler des déficits de balance des paiements. Par la suite, l'usage des DTS a été étendu. Tombés en désuétude, on réactualise leur utilisation à la suite de la crise de la dette des États, en 2010.

La valeur des DTS est déterminée sur un panier de

monnaies. Avec l'éclatement du système de Bretton Woods, les monnaies se mettent à flotter les unes par rapport aux autres. Le cours de certaines monnaies peut varier dans des proportions importantes. Ainsi le dollar peut perdre 40 % de sa valeur en quelques mois ou, au contraire, s'évaluer d'autant.

Les principales monnaies entrant dans les réserves de changes des banques centrales subissent, à intervalles réguliers, des variations de cours de grandes ampleurs. Dès lors, que représentent les réserves de devises et de DTS en tant que stock de garanties de la monnaie émise par la banque centrale ? On est là face à quelque chose de très relatif.

En réalité, ces réserves de changes sont l'un des piliers sur lequel s'appuie l'émission monétaire. L'autre pilier, figurant également à l'actif du bilan des banques centrales, est ce que l'on appelle le refinancement des banques commerciales.

Pour approvisionner les banques de second rang en monnaie centrale, les banques centrales achètent ou prennent en pension des titres ou des effets de commerce. Sans entrer dans le détail des mécanismes d'acquisition, constatons que ces institutions achètent des créances, c'est-à-dire des promesses de paiements. Elles approvisionnent donc le système bancaire en monnaie centrale en échange d'un paiement futur.

À l'actif de leur bilan, elles enregistrent les titres ou les effets de commerce ; au passif, la monnaie émise.

Mais d'où viennent ces éléments que l'on inscrit ainsi à l'actif ? Pour la plupart, ce sont des bons du Trésor, des obligations d'État, c'est-à-dire des créances que, jusqu'à ces derniers temps, l'on croyait sûres. Mais si elles le sont, pourquoi les transférer à la banque centrale ? La banque de second rang pourrait aussi bien les conserver. De toute façon, ce n'est pas avec l'argent de ces titres qu'elle remboursera l'avance en monnaie centrale qui lui a été consentie. Car ces bons ne lui seront payés qu'à l'échéance, c'est-à-dire, peut-être, dans 5 ou 10 ans. Souvent cet approvisionnement n'est fait que pour quelques jours, voire 24 heures. C'est donc un autre argent qui fera retour à l'émetteur... pour repartir, l'instant d'après, en sens inverse, en plus grande quantité si le besoin de liquidité s'accroît. La banque de second rang fournira alors d'autres titres. Ou bien elle procédera à un swap qui permettra à chacune des parties d'inscrire un avoir dans son bilan. Et si ce n'est pas suffisant, si le besoin de liquidité augmente, alors la banque centrale fait ce que nous avons cité au début de ce chapitre. Elle prend des « mesures non conventionnelles », elle accorde du *quantitative easing* ou du *credit easing*. C'est-à-dire qu'elle assouplit ses règles et accepte des titres moins fiables, voire des titres pourris comme le fait la Fed depuis 2009.

Chaque jour des milliers de personnes sont mobilisées, dans chaque pays, pour calculer ce qu'il faut acheter et vendre comme titres. Une énergie considérable, avec des outils sophistiqués, est consacrée à optimiser, de part et d'autre, ces échanges de titres contre de la monnaie centrale. Tout ce jeu, qui s'apparente parfois à de la cavalerie, pourquoi faire ?

Est-il vraiment nécessaire ? A-t-on besoin d'alimenter l'économie en monnaie centrale comme on livre des pièces détachées à un constructeur de voitures ? Dans l'optique d'une monnaie marchandise, la réponse semble être affirmative. Mais pour combien de temps encore et à quel prix social ?

Lorsque l'on aura saisi que l'accumulation de la monnaie est précisément ce qui permet la spéculation, laquelle rend l'économie malade, et que l'on acceptera de regarder que l'alimentation de l'économie en monnaie centrale est basée sur la notion de monnaie stockable, alors on sera prêt à changer de modèle. On pourra regarder les banques centrales pour ce qu'elles sont : des formes anciennes transposées dans le présent ; ce que l'on appelle des anachronismes.

Mais pour nous en convaincre, il nous faut encore saisir plus précisément la notion de masse monétaire, dans l'optique de la Monnaie de Consommation. Nous aurons alors les bases nécessaires pour aborder la Monnaie de Financement.

Chapitre 18

L'illusion de la masse monétaire

Nous allons montrer que la notion de masse monétaire ne vaut que dans le cadre de l'économie virtuelle, là où l'on fait de l'argent avec de l'argent. Dans le champ de l'économie réelle, il en va tout autrement. Pour bien le saisir, replaçons-nous dans la situation de la Banque de Monnaie de Consommation. Ses clients y ont des Comptes de Consommation Courante. Supposons que le solde créditeur de l'ensemble de ces comptes soit de 100 millions d'Euros (100 M). À l'actif du bilan de la banque, dans le compte Mouvements de Monnaie de Consommation est enregistrée la contrepartie de ces 100 M (au débit).

ACTIF		PASSIF	
Mouvements de Monnaie Scripturale	100	Comptes de Consommation Courante	100

Dans la conception traditionnelle, les 100 M figurant à l'actif seraient considérés comme un stock de monnaie utilisable pour des prêts, puisque la banque sait, statistiquement, que les clients n'utiliseront pas la totalité des 100 M au même moment.

La Banque de Monnaie de Consommation ne considère pas qu'elle a ces 100 M « en Caisse ». Elle ne peut en disposer pour des prêts ni même pour sa propre trésorerie puisque son Compte de Monnaie de Consommation se trouve dans un autre établissement.

Ces 100 M représentent les droits à consommer des titulaires de comptes, qu'ils soient des particuliers ou des entreprises.

Nous avons vu que la banque ne pouvait tomber en faillite à cause de mauvaises opérations financières ou de prêts hasardeux. La finance et les prêts n'entrent pas dans le cadre de ses activités. Seule une mauvaise gestion, qui ferait que les frais généraux seraient trop importants par rapport à son volume d'activité, pourrait la conduire à mettre la clé sous la porte. Dans ce cas, les déposants ne courront aucun risque, puisque leur argent n'est pas stocké. Il ne peut avoir disparu. Leurs droits à consommer seraient tout simplement transférés dans un autre établissement. Ce que l'on aura ainsi déplacé n'est pas de la monnaie sonnante et trébuchante, mais de la comptabilité.

De la même façon qu'une entreprise peut changer d'expert-comptable et transférer l'ensemble de ses écritures de l'ancien cabinet vers le nouveau, d'un simple clic de souris, de même les situations détaillées de chaque compte des clients de la banque en faillite seraient envoyées aux établissements choisis par les titulaires de ces comptes.

Nous avons donc affaire à des transferts de comptabilités et non de fonds. Nous pouvons ainsi déjà saisir que l'ensemble des soldes créditeurs de tous les comptes de Monnaie de Consommation d'une zone monétaire ne représente pas une masse monétaire. Mais nous nous en ferons une idée plus précise si nous considérons la notion de vitesse de rotation de la Monnaie.

Prenons un exemple : six entreprises, A, B, C, D, E, F sont dans la relation économique suivante : A achète à B un produit ou une autre prestation pour 1'000, B achète à C pour le même montant et ainsi de suite jusqu'à F.

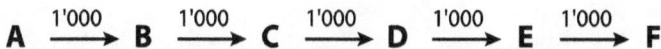

$$A \xrightarrow{1'000} B \xrightarrow{1'000} C \xrightarrow{1'000} D \xrightarrow{1'000} E \xrightarrow{1'000} F$$

Un volume d'activité de 5'000 a ainsi été généré. Le chiffre d'affaires de B, C, D, E et F a augmenté de 1'000 pour chacun et de 5'000 en tout.

Si le paiement s'est fait, à chaque fois au comptant et en monnaie fiduciaire, disons en billets, mais légèrement décalé dans le temps, alors une activité de 5'000 a été générée par une quantité de billets égale à 1'000. Si les cinq personnes ont accompli cette série d'actes économiques en une matinée, il reste encore la possibilité que ces 1'000 génèrent une autre activité dans l'après-midi, par exemple le double. Avec la même quantité de billets, on aura donc un volume de 10'000 de chiffre d'affaires.

Par contre, à l'autre extrême, si les 11 entreprises veulent toutes réaliser leurs achats au même moment, en réglant comptant et avec 5 billets de 200, il faudra, au total, 50 de ces billets.

Si les achats sont décalés, mais ne sont pas réglés comptant, alors la quantité de billets nécessaires se situera quelque part entre 5 et 50. À la limite, il faudrait très peu de billets pour une activité d'échanges élevée. La vitesse de transmission des billets est donc directement en rapport avec leur quantité en circulation.

Les économistes traditionnels établissent donc une relation entre la vitesse de rotation (V) et la masse monétaire (M). Pour un même chiffre d'affaires global E, chiffré en Euros, par exemple, on aura :

$$E = M{\cdot}V$$

Plus la vitesse augmente, plus la masse de billets en circulation diminue.

Or, la quantité E est elle-même fonction du prix (P) et du volume des transactions ou de la production (T) :

$$E = P{\cdot}T$$

À volume de transactions constant, la quantité (E) reste la même si les prix ne varient pas. En rapprochant les deux égalités, on obtient l'équation de Fisher[1] :

$$P{\cdot}T = M{\cdot}V$$

---

1. Irving Fisher (1867 – 1947) économiste américain

De là, certaines écoles d'économie, comme celle de Chicago, déduisent que si la vitesse de rotation de la monnaie (V) reste constante, une augmentation de la masse monétaire (M) induira une augmentation des prix (P) ou du volume de transactions (T), avec un effet inflationniste.

Autrement dit, la quantité de monnaie en circulation est déterminante pour la stabilité de l'économie. La banque centrale est donc concernée en premier lieu. Elle se doit de régler, par les taux de base et les contraintes exercées sur les banques de deuxième rang, le volume de la masse monétaire.

Nous sommes là devant une approche purement mécaniste de l'économie. Elle ne tient pas du tout compte de ce qui se passe chez les consommateurs, lesquels ne sont pas forcément des robots. Ils peuvent, par exemple, ne pas acheter pour la raison qu'ils sont déjà bien équipés. Nous reviendrons sur cette façon d'assimiler l'économie à une mécanique et verrons qu'elle n'est certainement pas le bon chemin pour l'humaniser.

Pour l'heure, regardons que ce lien entre la masse monétaire et la vitesse de rotation est un leurre.

Remettons-nous en situation de Monnaie de Consommation et supposons que toutes les transactions soient réglées par virements. Nous réintroduirons de la monnaie fiduciaire un peu plus loin.

Prenons pour hypothèse que nos six entreprises de départ aient des soldes de compte se présentant ainsi à l'instant t :

	A	B	C	D	E	F	Total droits à consommer
Soldes Comptes de Consommation Courante	3'000	7'000	2'000	5'000	1'000	9'000	27'000

Prises globalement ces six entreprises ont un droit à consommer égal à 27'000.

Les cinq situations résultant des 5 transactions successives (de 1'000 € chacune), aux instants t1, t2..., t5 sont visibles dans le tableau page suivante.

Dans le premier exemple, nous avons vu que la quantité de billets en circulation dépendait de leur vitesse de circulation. Lorsque les transactions se font en monnaie scripturale, cette vitesse de rotation n'a aucune influence sur la quantité totale de droits à consommer.

Les six entreprises pourraient effectuer simultanément leurs achats de 1'000. Il ne faudrait pas augmenter la quantité de droits à consommer. Alors que, comme nous l'avons vu, en monnaie fiduciaire, la masse de billets en circulation passerait de 1'000 à 5'000.

Comptes de Consommation Courante	A	B	C	D	E	F	Total droits à consommer
Solde initial	3'000	7'000	2'000	5'000	1'000	9'000	27'000
Solde t1	2'000	8'000	2'000	5'000	1'000	9'000	27'000
Solde t2	2'000	7'000	3'000	5'000	1'000	9'000	27'000
Solde t3	2'000	7'000	2'000	6'000	1'000	9'000	27'000
Solde t4	2'000	7'000	2'000	5'000	2'000	9'000	27'000
Solde t5	2'000	7'000	2'000	5'000	1'000	10'000	27'000

Si maintenant, toujours en Monnaie de Consommation, les six entreprises règlent leurs achats en billets, leur banque effectuera une opération de conversion auprès de l'Institut de Monnaie Espèces, comme nous l'avons vu p. 102. Pour chaque entreprise, le droit à consommer, qui était exprimé en monnaie scripturale, sera converti en monnaie fiduciaire. Les deux montants ne coexistent pas simultanément. Globalement, la quantité de droits à consommer est restée invariante. Il n'y a donc pas eu d'injection de monnaie dans le circuit.

En Monnaie de Consommation, la vitesse de rotation de la monnaie n'existe pas. L'égalité $E = M \cdot V$, c'est-à-dire le lien entre la masse et la vitesse est une construction théorique qui est née de trois problèmes :

1. Les économistes ont les yeux fixés sur la monnaie. Dans notre exemple, ils suivraient du regard les 1'000 qui sont virés du compte de l'entreprise A vers celui de l'entreprise B, puis de B vers C, etc. Mais du point de vue de la vitesse ce qui compte ce n'est pas la monnaie, mais les achats. Notre regard d'économiste devrait s'attacher à observer la consommation de A, B, C, D, E et F. Là, nous pouvons constater une vitesse. Elle est liée aux besoins de ces entreprises et à la réponse qu'elles trouvent dans l'offre de produits et services. Il s'agit donc que notre regard suive les phénomènes de l'économie réelle.

2. Le deuxième problème est celui de la vitesse de règlement. Reprenons notre exemple, à sa situation de départ, et supposons que l'entreprise B n'ait que 200 sur son compte.

	A	B	C	D	E	F	Total droits à consommer
Soldes Comptes de Consommation Courante	3'000	200	2'000	5'000	1'000	9'000	20'200

Si B vend à A pour 1'000, mais que ce dernier ne le paie pas immédiatement, il ne pourra pas réaliser l'achat de 1'000 qu'il projetait de faire auprès de C. Ou alors, il tardera également à le payer et c'est C qui en supportera les conséquences, à moins qu'il ne les reporte sur D, etc.

Nous voyons apparaître un des grands problèmes de l'économie réelle actuelle, celui des délais de paiement. La vitesse de réalisation des achats augmentera d'autant plus que les paiements seront faits au comptant.

Ce problème devrait être traité pour lui-même. L'imputer à la quantité de monnaie en circulation et à sa vitesse de circulation, c'est le déplacer. On fait alors intervenir la banque centrale pour le résoudre, rajoutant ainsi un dysfonctionnement à un autre qui n'a pas été abordé en tant que tel.

3. Lorsque la vitesse des ventes et celle des règlements sont optimisées, il peut néanmoins subsister un problème de capacité de paiement. L'entreprise a alors une difficulté de trésorerie ou un problème de

rentabilité. Dans les deux cas, il s'agit d'une question de management qui devrait être traitée pour elle-même. La direction de l'entreprise peut alors arriver à la conclusion qu'elle a, par exemple, besoin d' emprunter des fonds.

À cet endroit, nous débouchons sur la question de la Monnaie de Financement. Nous verrons bientôt comment l'entreprise pourra l'obtenir.

Mais dès l'instant où l'argent emprunté apparaîtra sur son Compte de Monnaie de Consommation, les droits à consommer qui en résulteront seront dans la même position que ceux qu'elle avait jusque-là. C'est-à-dire que ce qui a été emprunté devient droit à consommer, générant de l'activité économique réelle. En utilisant ce droit, l'entreprise va augmenter la vitesse de circulation des marchandises et des services et, si elle paye comptant, elle augmentera la vitesse des paiements.

Nous sommes donc ramenés aux questions 1 et 2 ci-dessus. Ce qui a été la cause de l'emprunt n'est pas lié à un besoin d'augmenter la vitesse de circulation de la monnaie ou à une nécessité d'accroître la masse monétaire. Ce sont des besoins de l'économie réelle qui ont généré la création de monnaie par l'emprunt et non l'inverse. Dans l'approche classique des banques centrales, c'est pourtant cette inversion qui a été théorétisée.

Celui qui aborderait ce que nous venons d'exposer sans le lier à des faits concrets, c'est-à-dire à l'économie réelle pourrait dire que nous « chipotons » sur des questions de détails. Or, justement, ce qui manque aux théories actuelles, qui ont conduit au capitalisme du désastre, c'est cette capacité à suivre les phénomènes économiques dans leur réalité, dans le détail et dans leurs conséquences économiques, sociales, environnementales et culturelles.

Le théoricien qui pense pouvoir ainsi agir sur la vitesse de circulation de la monnaie à partir de mesures prises sur la banque centrale ressemble à quelqu'un qui serait assis dans un PC de la circulation routière et qui constaterait que la vitesse moyenne de circulation sur l'autoroute est trop basse à un moment donné. Pour y remédier, il programmerait l'ordinateur pour que les panneaux indiquent une vitesse minimale obligatoire plus élevée. Il penserait avoir agi ainsi sur la situation de manière à la résoudre. Il ne chercherait pas la cause du ralentissement, liée peut-être à un accident sur l'autoroute.

Résumons ce que nous avons vu dans ce chapitre.

a. Dans le bilan des Banques de Monnaie de Consommation, l'ensemble des soldes créditeurs des Comptes de Consommation Courante (au passif) n'a pas pour contrepartie (à l'actif) un stock de monnaie. Nous n'avons donc pas de masse monétaire à cet endroit. Dans la conception traditionnelle, le total des soldes de ces comptes représente entre 50 et 55 % de ce que l'on appelle la masse monétaire M1.

b. Les 15 à 20 % de M1 qui ne sont pas enregistrés sous forme scripturale sont de la monnaie manuelle, billets et pièces. Ils proviennent de retraits effectués dans les banques ou aux distributeurs de billets. En Monnaie de Consommation, la banque convertit les droits à consommer, exprimés sous forme scripturale, pour les remettre en espèces au client. Seul le signe monétaire, son mode d'expression a changé. Pas la masse monétaire.

c. Selon les conceptions classiques, la vitesse de rotation de la monnaie varierait en proportion inverse de la masse monétaire. Si cette dernière n'existe pas, que dire de la première ? Nous avons vu qu'elle n'a plus de réalité. Ce n'est pas la monnaie qui circule. Dans l'économie réelle, ce sont les marchandises et les services. Au niveau des Comptes de Monnaie de Consommation, la banque ne fait qu'enregistrer un transfert de droits à consommer. La vitesse de rotation n'existe pas davantage que la masse monétaire.

Nous voyons ainsi à quel niveau d'abstraction nous sommes parvenus dans l'économie dite moderne. Les banques centrales passent leur temps à tenter d'influer sur quelque chose qui n'a pas de réalité au niveau de l'économie réelle, c'est-à-dire celui des échanges de biens et de services. Or seul compte ce qui se passe à ce niveau.

Le montant total des soldes créditeurs des comptes de dépôt ne représente rien du tout. Il est une abstraction du même ordre que le montant cumulé des bouchons sur les routes de France.

Lorsque l'on entend, à la radio, qu'il y a 300 km de bouchons cumulés, que sait-on de plus ? On a quitté toute réalité, pour se gargariser de chiffres qui ne veulent rien dire.

Du point de vue de l'économie réelle, l'important est ce que va faire l'entreprise A. Va-t-elle acheter à B ? L'entreprise D va-t-elle acquérir les produits de E ou préférer ceux de L ? Pour ces entreprises, il ne sert à rien de savoir que l'ensemble des soldes créditeurs des comptes de dépôt à vue était, par exemple, de 3'700 Milliards d'Euros en 2009.

Si nous sommes dans l'abstraction avec M1, alors où sommes-nous avec M2 ? Sans parler de M3 que la Fed a cessé de prendre en considération depuis mars 2006[1].

Là aussi nous devrions suivre davantage les phénomènes. Dans M2 se trouvent, par exemple, les dépôts sur les livrets A. Or cet argent ne reste pas dans la Caisse d'Épargne. Il va, entre autres, être mis à la disposition de l'État, via la Caisse des Dépôts et Consignations, qui va l'utiliser.

D'une façon ou d'une autre, cet argent servira à régler des opérations d'économie réelle. Il va donc se retrouver sur les Comptes de dépôts à vue d'entreprises, c'est-à-dire dans ce que l'on appelle M1. Il n'y a rien à redire dans cette mise à disposition d'argent épargné pour qu'il serve à d'autres.

Le problème apparaît au moment où l'on veut considérer un volume global. Car avec M2, l'argent est comptabilisé deux fois, d'abord comme argent d'épargne dans M2 puis comme argent prêté et utilisé dans M1.

Nous touchons là à la confusion qui est faite entre la Monnaie de Consommation et celle de Financement. Les assembler dans un même agrégat M2, c'est un peu comme si l'on ajoutait le beurre à l'argent du beurre.

---

1. AJ Holbecq, *Argent, dettes et banques*, p. 31. Éditions Yves Michel

Avec la masse monétaire M3, nous entrons dans une autre dimension, celle de l'économie virtuelle. Dans M3 sont comptabilisés, en plus de M2, des placements spéculatifs à court terme comme les SICAV. Mais laissons ce domaine à ceux qui veulent faire leur beurre avec du beurre !

Chapitre 19

Une monnaie orientée « futur »

Nous abordons maintenant la question la plus cruciale à résoudre si nous voulons passer du capitalisme du désastre à une *Économie à Valeurs Ajoutées Humaines*.

Nombreux sont ceux qui ne comprennent pas pourquoi ne se dessine pas une volonté politique qui permettrait de limiter le pouvoir de la spéculation. Beaucoup pensent que c'est en raison de la collusion entre les pouvoirs politiques et financiers. C'est sans doute vrai dans beaucoup de pays. Mais il y a des exemples qui montrent que la question n'est pas si simple et que le politique, même s'il en a l'intention, se retrouve impuissant à mette en oeuvre ce qu'il avait planifié. En particulier, il y a eu deux moments, dans l'histoire récente, où un mouvement populaire a porté à la tête de l'État des représentants qui semblaient en position très favorable pour prendre des mesures qui auraient amené à une transformation du capitalisme. Dans les deux cas, il s'agissait d'instaurer une forme d'autogestion des entreprises, les employés en devenant coacteurs.

Ces pays sont la Pologne et l'Afrique du Sud. Dans son livre, la *Stratégie du Choc*, Naomi Klein décrit, avec précision, ce qui s'est passé. Au-delà des différences anecdotiques, le scénario s'est déroulé à l'identique. Les ministres et responsables chargés de faire ces réformes ont été soumis à une pression intenable exercée par des conseillers économiques fortement engagés dans la promotion de l'ultralibéralisme ; ceux que l'on a appelé les *Chicago boys*, formés à l'école de Milton Friedman[1].

À chaque fois l'argument employé était extrêmement simple et pourrait se résumer en quelques phrases : « si vous procédez aux réformes que vous projetez, les capitaux fuiront le pays. Vous n'aurez plus de quoi faire face aux besoins d'investissement des entreprises, lesquelles perdront en compétitivité. Les exportations chuteront, la balance commerciale se dégradera rapidement, accélérant encore la fuite des capitaux. La balance des paiements entrera dans une spirale descendante. Ceci s'accompagnera d'une chute de la monnaie et d'une montée brutale du chômage, etc., etc. »

Cet enchaînement semble inexorable. Dans la logique du système actuel, il l'est effectivement. Autrement dit, les gouvernements de Pologne et d'Afrique du Sud de ces époques n'avaient pas d'autres choix que de se soumettre au diktat de la finance, en tournant le dos à leurs idéaux, trompant ainsi les peuples qui les avaient portés au pouvoir.

---

1. Naomi Klein, *La Stratégie du choc*, Édition Leméac/Actes Sud, partie 4.

Ces gouvernements ont ainsi eu l'occasion de mesurer à quel point les idéaux et les bonnes intentions ne suffisent pas à transformer les situations, notamment dans le domaine économique. Nous pouvons ainsi comprendre pourquoi tout gouvernement progressiste, même s'il est honnête et non corrompu, en vient finalement à faire le contraire de ce qu'il avait annoncé. Tous les partis de gauche et les écologistes se casseront les dents sur cette seule menace et en viendront à prendre des demi-mesures, mais qui ne répondront pas aux promesses pour lesquelles ils ont été portés au pouvoir.

Sommes-nous en train de dire que toute réforme économique visant à limiter les conséquences du capitalisme du désastre est impossible ? La réponse est clairement Oui, tant que l'on n'a pas remis en cause les fondements présents du financement de l'économie ; tant que l'on n'a pas saisi la véritable nature de la Monnaie de Financement ; tant que l'on n'abordera pas cette monnaie avec les concepts qui lui sont inhérents au lieu de la mettre dans le même coffre que la Monnaie de Consommation.

Nous avons à opérer un retournement complet dans notre conception de la finance. Si nous le faisons, nous trouverons les remèdes au capitalisme du désastre et nous aurons les outils qui manquaient aux représentants de Solidarnosc en Pologne et à ceux de l'African National Congress en Afrique du Sud.

L'ensemble du système actuel repose sur le fait que le financement d'un bâtiment, d'une nouvelle entreprise, ou du déficit d'un État provient de capitaux accumulés dans un passé plus ou moins proche. C'est sur la base de fonds préexistants que l'on peut déclencher une opération de financement, soit en collectant la totalité de la somme nécessaire, comme dans la constitution du Capital d'une entreprise ; soit en faisant un apport d'une fraction, par exemple 20 % et en empruntant le reste, comme dans le cas des prêts hypothécaires. Ces 20 % se sont constitués avec le temps, par l'épargne. Les 80 % restant, s'ils proviennent d'un prêt bancaire, résultent d'une création monétaire. On aura donc tendance à les considérer comme ne résultant pas d'une accumulation passée de capital. Mais il s'agit d'une apparence. Car la possibilité, pour la banque, de créer cet argent repose, notamment, sur les fonds propres dont elle dispose, lesquels sont de l'argent amassés au fur et à mesure. Dans les deux cas – apport à 100 % de fonds propres ou seulement pour une fraction – ce financement repose sur un stockage de monnaie au cours du temps[1].

Autrement dit, la monnaie qui sert au financement est orientée vers ce qui résulte d'actions passées, qui sont achevées.

La question qui se pose alors est de savoir quel est le lien entre ces résultats du passé et ce qui va s'enclencher par la nouvelle activité qui cherche à se financer.

Cet argent accumulé n'apporte, en lui-même, aucune certitude que celui à qui il sera confié en fera bon usage. C'est d'ailleurs la raison pour laquelle on parle de capital-risque. Même la fortune la plus colossale n'offre aucune garantie de la réussite d'une nouvelle entreprise. Dès

---

1. Il peut se faire que l'argent provienne de la vente d'une entreprise ou d'un bien immobilier. Mais dans ce cas, c'est l'acheteur qui a accumulé les fonds. La question est donc déplacée d'un cran et est autant problématique, bien qu'elle revête un caractère différent.

l'instant où des fonds sont mis à disposition de quelqu'un pour le développement d'une initiative, ce qui permettra le remboursement de cet argent repose entièrement sur ce que l'entrepreneur en fera. C'est le futur qui en est le garant.

Il en va de va de même pour un prêt à la consommation. Si un particulier emprunte 15'000 € sur quatre ans pour acheter une voiture, c'est son activité au cours des quarante-huit mois à venir qui représente la contre-valeur de la monnaie ainsi créée par le banquier.

La valeur de la Monnaie de Financement repose sur le futur. On peut dire qu'elle n'a pas d'existence préalable. Dans une économie qui saurait faire la différence entre la Monnaie de Consommation et la Monnaie de Financement, il ne peut en être autrement. Car la Monnaie de Consommation correspond aux droits à consommer créés par l'activité économique présente. La somme de ceux-ci tend à être égale à la somme des prestations fournies dans la zone monétaire.

Celui qui fonde une entreprise, par exemple dans le secteur secondaire, n'a pas encore les droits à consommer qui lui permettront d'acheter les machines, le matériel, les matières premières et le mobilier. Il n'a pas non plus les fonds pour rémunérer les employés. Ces droits à consommer n'existent pas à l'instant considéré. Ils ne peuvent qu'être créés.

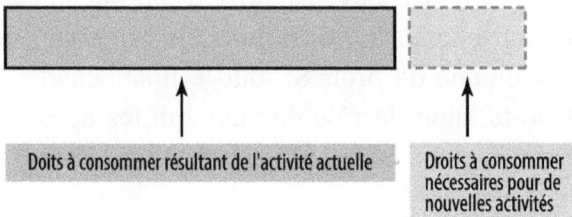

Doits à consommer résultant de l'activité actuelle — Droits à consommer nécessaires pour de nouvelles activités

Dès le moment où nous nous plaçons dans le cadre de la monnaie en tant que droit à consommer, l'épargne est réduite le plus possible, de façon telle que la monnaie soit le reflet le plus précis de l'activité économique. Dès lors, il devient nécessaire d'ouvrir de nouveaux droits à consommer pour de nouvelles activités. Celles-ci débouchent sur l'avenir, elles ont besoin d'une monnaie orientée vers le futur, qui apparaît en même temps que l'activité qui va commencer.

Cette monnaie n'est pas créée *ex nihilo*, à partir de rien, comme on le lit souvent dans les ouvrages spécialisés. Certains croient même pouvoir assainir les désordres économiques et sociaux en arrêtant la création monétaire par le prêt. À mon sens, ils se trompent de remèdes, car ils n'ont pas saisi à quel point l'apparition d'une nouvelle monnaie est nécessaire à cet endroit, au moment où l'économie a besoin de financement.

Une monnaie orientée « futur » est inhérente à l'économie et vient se placer à côté de la Monnaie de Consommation. Elle ne repose pas sur l'arbitraire ou sur du néant, mais sur une activité qui va devenir réalité. La réalisation du projet conférera sa valeur à la monnaie ainsi créée. Cette valeur sera confirmée par le remboursement.

Dès lors, nous voyons émerger un métier qui semble avoir perdu son lustre avec la crise des prêts immobiliers. Car, on l'aura compris, cette monnaie orientée « futur » est une monnaie de prêt. Si tout le financement repose sur les prêts, alors le rôle de ceux qui les accordent, et qui créent donc la monnaie, est essentiel. Ils portent la responsabilité de la valeur des nouveaux droits à consommer qu'ils vont faire apparaître et attribuer.

La crise des *subprimes* a bien montré de quoi il s'agit. À l'origine le problème n'est pas venu du fait que les banques n'avaient pas assez de fonds propres pour couvrir les prêts. Face à la masse de défauts de paiements, il aurait fallu des fonds propres colossaux. Dans le cas présent, la défaillance est avant tout humaine et réside dans le fait que les règles de la profession en matière d'attribution de prêts n'ont pas été respectées.

Mais les règles ne font pas tout. Elles doivent s'accompagner d'un savoir-faire et de compétences humaines. La Monnaie de Financement, telle que nous la proposons, nécessitera de grandes capacités, à la fois techniques et humaines, pour évaluer la faisabilité d'un projet. Ceux qui attribueront un prêt à une entreprise devront bien connaître son domaine d'activité. Ils évalueront la solidité de son plan financier. Ils seront aidés par les assureurs d'exploitation dont j'ai parlé dans *La Démocratie Évolutive*[1]. Mais ils auront également à faire une évaluation de l'équipe porteuse du projet, de ses capacités à réaliser leurs intentions. Ce point réclame de grandes compétences humaines qui vont bien au-delà des chiffres.

Le métier de banquier a vu son image sérieusement écornée avec la crise. Il pourrait trouver là l'occasion de se rétablir et même d'acquérir une nouvelle dimension. Cependant, précisons tout de suite que les Instituts qui géreront la création de Monnaie de Financement ne seront pas des banques, au sens habituel. Leur nature et

---

1. *La Démocratie Évolutive*, chapitre *Aux ressources de l'humain*

leur fonctionnement seront présentés dans les deux chapitres suivants et l'on comprendra que cette tâche relève d'une nouvelle forme de service public.

Le début de ce chapitre nous a permis d'esquisser les bases d'une Monnaie de Financement qui serait gérée indépendamment de la Monnaie de Consommation. Il est important de bien voir que leurs natures sont différentes. La deuxième se situe de pleins pieds dans le présent, en ce sens qu'elle marque les droits à consommer découlant de l'économie réelle actuelle. La première est orientée vers le futur, car elle apporte des droits à consommer qui seront utilisés pour la création d'une nouvelle activité qui viendra s'ajouter à l'économie existante.

L'origine de ces deux monnaies doit être bien différenciée et elle le sera dans la mesure où les institutions (les Instituts de Monnaie de Financement et les Banques de Monnaie de Consommation) qui en auront la gestion seront totalement séparées, comme nous allons le voir.

Cependant, les champs d'activités de ces monnaies seront reliés par des passerelles permettant un passage dans les deux sens. Pour ce qui concerne le passage de la Monnaie de Financement à celle de Consommation, il est évident. Il se fait quasiment dans l'instant. En effet, un prêt est fait pour être utilisé au plus tôt. Lorsque l'Institut de Monnaie de Financement attribue un prêt, le bénéficiaire le fera transiter immédiatement vers son Compte de Consommation Courante, dans sa banque. La Monnaie de Financement devient ainsi, instantanément, Monnaie de Consommation. Elle servira à acheter ce qui a été prévu dans le plan du prêt.

Nous verrons comment s'opère le passage dans l'autre sens, lors de chaque remboursement du prêt. Les droits de consommation créés au moment de l'attribution du prêt seront alors retirés du circuit économique. Ils seront devenus inutiles puisque l'entreprise, par son développement, fait apparaître de nouveaux droits à consommer qui correspondent au niveau de l'économie à cet instant. Ceci permettra donc que le système reste équilibré. Cet échange, dans les deux sens, entre les deux circuits monétaires ne pose pas de problèmes de principes, ni même techniques.

La situation est moins simple pour la Monnaie de Consommation qui pourrait tendre à aller vers l'investissement. Nous disons bien investissement et non financement. Rappelons-nous que la monnaie est prise dans une tension permanente, entre l'unité de compte et l'état de marchandise[1]. Elle aura toujours tendance à s'accumuler à un endroit ou à un autre. La question ne sera jamais réglée une fois pour toutes. Elle réclamera une attention permanente des acteurs de l'économie.

Pourquoi en est-il ainsi ? La raison est double. Il y a d'abord ce que l'on pourrait appeler la restriction volontaire à la dépense immédiate, autrement dit l'épargne. Puis il y a aussi le surplus de droits à consommer engendré inévitablement par l'économie elle-même. Examinons ces deux points :

1. Tout d'abord, il y a l'épargne, c'est-à-dire la tendance à ne pas utiliser la totalité de ses droits à consommer, en prévision de besoins futurs.

---

1. Voir schéma p. 50.

Si ces besoins correspondent à un achat d'un montant encore peu élevé, ils pourront être financés par une épargne de quelques mois au cours de l'année civile. Dans ce cas, comme nous l'avons vu, la monnaie reste sur le Compte de Consommation Courante de la personne. Celle-ci n'aurait pas intérêt à la mettre sur son Compte de Consommation Différée puisqu'elle perdrait 10 % lors du passage dans l'autre sens[1].

Si la personne épargne en vue d'une dépense qui nécessite de « mettre de côté » pendant plus d'une année, alors elle aura recours à son Compte de Consommation Différée, sur lequel elle perdra 10 % de son épargne chaque année. Pour l'éviter, elle aura la possibilité d'orienter celle-ci vers un Institut de Monnaie de Financement. Nous savons qu'elle n'en retirera pas d'intérêts et qu'elle subira seulement une décote totale de 10 % lorsqu'elle fera revenir ses fonds sur son Compte de Consommation Courante.

Nous avons là un cas de passage entre les deux types de monnaie. La solution que nous proposons permet d'éviter les inconvénients de l'accumulation de la monnaie et sa marchandisation. Elle offre aussi la possibilité à toute personne de contribuer au financement d'une entreprise de son choix[1].

---

1. Voir Chapitre *Monnaie fondante*
2. En économie traditionnelle, on s'attendrait à ce que l'épargnant participe au financement d'une entreprise en devenant actionnaire ou en entrant dans un fond d'investissement. Comme il a été dit au début de ce livre, il n'est pas possible d'aborder simultanément les quatre branches de la croix de l'économie. Lorsque nous parlerons du Capital, cette question deviendra plus claire.

Notons enfin que celui qui envisage une dépense nécessitant une épargne plus longue, par exemple pour l'achat d'une voiture, peut contracter un emprunt. Dans ce cas, il se tournera vers un Institut de Financement, comme le ferait une entreprise.

2.   Examinons maintenant la question des surplus engendrés par l'économie, que l'on appelle les bénéfices. Avant de voir le lien qu'ils pourraient avoir avec le financement, il est peut-être utile de regarder la notion même de bénéfice.

Parmi ceux qui aspirent à une économie plus humaine, nombreux sont ceux qui ont une vue négative des profits, comme si celui qui en fait profitait, et donc abusait, des autres. S'il y a abus, c'est dans le mode de répartition des profits, pas dans le bénéfice lui-même, car celui-ci est inhérent à l'économie. L'exemple d'une entreprise en création dans le secteur secondaire permettra de le comprendre.

L'entrepreneur établit son plan financier. Il évalue le financement nécessaire à l'achat de tout ce dont il a besoin. Il calcule son prix de vente et fait un plan de progression de ses ventes sur trois ans. Il sait qu'il atteindra l'équilibre entre ses dépenses et son chiffre d'affaires, donc son seuil de rentabilité, dans le courant de la troisième année d'exploitation. Pour faire toutes ces prévisions, il ne va pas se baser sur un taux d'utilisation à 100 % de ses machines. S'il n'atteignait le seuil de rentabilité qu'à cette condition, aucun Institut de Financement ne lui accorderait un prêt. Il tiendra compte des fluctuations de l'économie et s'organisera pour atteindre l'équilibre avec un taux d'occupation de son potentiel de production, peut-être, à 60 %.

La prudence demande une telle attitude. Ceci veut dire que dès qu'il dépassera ce seuil, il dégagera un excédent d'exploitation. Il en va de même pour l'artisan ou pour une entreprise du secteur tertiaire. Les prix devraient être calculés en tenant compte des aléas. Et les bénéfices seraient le signe d'un fonctionnement normal de l'économie.

La question qui se pose alors est de savoir ce que l'on en fait. À qui reviennent-ils ? Nous ne pouvons répondre totalement sans avoir traité la question du Capital. Nous y reviendrons donc. Cela ne concerne pas seulement le fait d'avoir ou non des actionnaires, mais aussi le problème des réserves que chaque entreprise est tenue de faire.

Nous verrons que l'on peut considérer la chose sous un autre angle et éviter ainsi que de la monnaie ne s'accumule. Dans les bénéfices, il y a aussi la part qui va pour l'autofinancement. Dans ce cas, l'argent est utilisé pour des achats de biens et de services, il reste donc dans le circuit de la Monnaie de Consommation.

D'une façon générale, au stade où nous en sommes, nous pouvons dire que les bénéfices des entreprises sont de la Monnaie de Consommation et qu'ils devraient rester au maximum dans ce circuit.

Nous comprendrons mieux cette question quand nous parlerons du troisième type de monnaie.

Une petite entreprise pourrait être tentée, au même titre qu'un particulier, d'épargner, en vue d'un investissement futur. Dans ce cas, son argent suivrait le même circuit que celui du particulier. Mais il faut se demander s'il est intéressant de procéder ainsi, dès l'instant où les Instituts de Financement peuvent lui procurer ce dont elle a besoin et sans intérêts.

Nous le voyons, ce que nous proposons afin de séparer la Monnaie de Consommation et celle de Financement tend à décourager l'épargne ou tout au moins à la limiter au strict nécessaire. De cette façon, nous éviterons l'accumulation de la Monnaie et sa tendance à devenir marchandise. Mais si ceci est une condition nécessaire, elle n'est pourtant pas suffisante. D'autres mesures viendront compléter ces propositions lorsque, dans le tome 2, nous aborderons le capital, l'immobilier et le travail, c'est-à-dire les trois autres branches de la croix de l'économie.

Sur la base de ces principes généraux de la Monnaie de Financement, nous allons regarder le fonctionnement des Instituts de Financement.

Chapitre 20

Les Instituts de Financements

À partir du moment où nous opèrons le retournement qui consiste à baser la valeur de la Monnaie de Financement sur le futur et non sur l'accumulation de fonds résultant d'actions passées, nous pouvons voir se dessiner une nouvelle forme d'organisation de la monnaie. Elle sera beaucoup plus simple que celle qui repose sur un système de banque centrale. Dans ce que nous proposons, cette dernière fonction n'aura pas lieu d'être. Nous n'aurons pas non plus un organisme unique, monolithique, au fonctionnement pesant et donc coûteux.

Les Instituts de Financements sont des organisations légères dans leur structure, mais exerçant une tâche « profonde » dans la société. Ils ont la responsabilité de permettre l'innovation et l'évolution de l'économie, au service de laquelle ils se consacrent entièrement.

Ils ne sont pas un élément de l'économie marchande, en ce sens qu'ils n'offrent pas un service au même titre qu'un commerçant ou un cabinet d'expert-comptable. Le service qu'ils apportent est de nature non-marchande. Nous pouvons donc en déduire que leur structure juridique doit indiquer clairement qu'ils sont sans but lucratif. Dans un prochain chapitre, nous verrons en quoi ils peuvent être le modèle d'une autre forme de service public[1].

Le fait que la Monnaie de Financement soit créée sur la base d'une activité future s'insérant dans l'économie a pour conséquence qu'un Institut de Financement n'a pas besoin de fonds propres sur lesquels viendrait s'adosser la monnaie créée. Lors de sa constitution, cet institut n'a pas à lever des fonds pour constituer son capital comme le fait une entreprise dans l'économie présente. Ce qu'il lui faut pour fonctionner est relativement minime par rapport aux montants de Monnaie de Financement qu'il sera amené à créer. Ses besoins sont déterminés par la nature même de son activité, de façon analogue à celle d'une société de service, comme un cabinet d'expert-comptable, ou bien un centre pour les impôts. Il lui faut des locaux, dont il n'est pas nécessairement propriétaire, du mobilier, des ordinateurs, etc. Il devra également payer les dépenses courantes, notamment la rémunération des personnes qui y travaillent.

Pour les charges de fonctionnement, étant donné que les Instituts de Financement fournissent un service public, ils recevront, pour une part, de l'argent public. Nous verrons encore de quelle façon lorsque nous parlerons de ce que l'on appelle l'impôt[2].

---

1. Voir le chapitre *Le service public de la monnaie*
2. Voir le chapitre *Une troisième forme de monnaie, La Monnaie de Contribution.*

Ces fonds publics pourront être complétés par ce qui proviendra de la facturation des prestations fournies par chaque Institut de Financement. De même que les banques actuelles ou La Poste, en tant que service public, font payer une contribution proportionnelle à l'utilisation que chacun en fait, de même l'Institut de Financement pourra demander une participation à ses frais de fonctionnement.

Il est bien clair qu'il ne s'agit pas d'un intérêt, lequel est considéré comme un facteur de désorganisation de l'économie. Cette facturation devra donc être raisonnable et ne pas pénaliser les petites initiatives qui ont besoin de se financer. Dans ce domaine, plusieurs façons de faire sont envisageables. Dans une Démocratie Évolutive, il appartient aux citoyens d'en décider. Certains pays pourraient même opter pour une prise en charge totale des frais de fonctionnement par la collectivité publique.

Pour ce qui est des besoins de financement nécessaires au démarrage d'un Institut de Financement, celui-ci se trouve dans la même situation que n'importe quelle entreprise. Comme il ne serait pas raisonnable qu'il s'attribue lui-même cette monnaie, il devra donc s'adresser à un autre Institut de Financement et aura à montrer la solidité de son projet et les dispositions qu'il prend pour s'inscrire dans le cadre de ces Instituts et en respecter les règles[1].

S'il obtient ce dont il a besoin, cet Institut de Financement ouvrira un Compte de Consommation dans une Banque de Monnaie de Consommation. Ce compte lui permettra de régler les dépenses liées à son fonctionnement et d'encaisser les montants de ses prestations, ainsi

---

1. Voir plus loin dans ce chapitre.

que les fonds publics. De ce point de vue, l'Institut de Financement est sur le même plan que les autres entreprises. Il devra également rembourser les droits à consommer, c'est-à-dire les prêts, qui lui auront été mis à disposition à sa création.

De cette façon, il existe un mur étanche et infranchissable entre l'argent lié au fonctionnement de chaque Institut de Financement et qui s'exprime en Monnaie de Consommation, d'une part, et la Monnaie de Financement que chaque Institut met à la disposition des entreprises et des particuliers, d'autre part. Il s'agit là d'une mesure de sécurité indispensable. Elle devrait aller jusqu'au point où, si en fin d'année, un Institut de Financement avait de l'argent sur son Compte de Consommation Différée, il ne puisse orienter ces fonds que vers un autre Institut de Financement et non vers lui-même.

Une autre disposition marquera également un changement net avec les pratiques bancaires qui ont cours. Si l'on a bien saisi la nature même de cette Monnaie de Financement, alors il sera clair qu'un Institut qui le gère ne le fera que dans le cadre de sa zone monétaire, qu'elle soit liée au pays ou à une union de pays.

En ce sens, un Institut de Financement n'a pas d'activité à l'international. Il n'y développe pas de filiales. Pourquoi le ferait-il ? Dans l'économie actuelle, une banque fait appel à du financement en provenance de l'étranger lorsqu'elle n'a pas les fonds nécessaires. Or cette question ne se pose plus avec la Monnaie de Financement telle que nous la décrivons, puisqu'elle est une monnaie orientée « futur ».

Il sera donc inscrit dans les règles de fonctionnement des Instituts de Financement que leur champ d'activité est limité au pays, voire à la région dans laquelle ils se trouvent. Une des causes principales de dérèglement financier sera ainsi supprimée. Comme nous le verrons dans un prochain chapitre[1], la circulation internationale des capitaux de financement perdra sa raison d'être et ce sera un facteur essentiel pour l'assainissement de l'économie mondiale.

Après cette description générale des Instituts de Financement, regardons le détail de leur fonctionnement. Comme pour les Banques de Monnaie de Consommation, nous allons prendre un exemple concret.

La Monnaie de Financement n'existe que sous forme scripturale. Autrement dit, elle est une comptabilité. Nous allons donc examiner l'enregistrement successif d'opérations comptables relatives aux besoins de financement de l'entreprise Lambda. Supposons qu'ils s'élèvent à 500'000 sur 5 ans. Lambda s'adresse à l'Institut F qui examine sa situation, en lien avec la Compagnie d'Assurance d'Exploitation de cette entreprise[2].

Ces deux organismes demandent quelques éclaircissements sur certains points et des modifications sur d'autres. Puis elles acceptent le dossier. L'Institut peut donc créditer le compte de Lambda d'un montant de 500'000. Mais il se trouve qu'un certain Monsieur Dujardin l'a contacté car il a 20'000 sur son Compte de Consommation Différée à la banque A. Il voudrait les mettre,

---

1. Voir chapitre *Un Système Monétaire International pour l'Économie Réelle*.
2. Voir aussi à la fin de ce chapitre, p. 182.

pour 5 ans, à disposition pour du financement. Le responsable du dossier, à l'Institut F, va lui présenter l'activité de la société Lambda. Monsieur Dujardin estime qu'il s'agit de quelque chose qui est justifié sur le plan d'une économie saine et durable. Il donne son accord pour la mise à disposition de ses 20'000 à l'entreprise Lambda. Ce sont donc seulement 480'000 que l'Institut F créditera sur le compte de cette dernière.

Le tableau page suivante montre la suite des opérations telles qu'elles figureraient dans la comptabilité de l'Institut F.[1]

À l'étape 1, nous voyons, au Passif, l'ouverture du Compte de Financement de Lambda et du Compte de prêt de Dujardin. Comme dans le cas des Banques de Monnaie de Consommation, l'Institut a un compte de Mouvements de Monnaie Scripturale qui figure à l'actif. Ce compte n'enregistre que les opérations. Il n'est pas un réceptacle permettant de stocker de l'argent que l'Institut F pourrait utiliser. Rappelons que l'argent que cet institut emploie pour son propre fonctionnement est comptabilisé dans une Banque de Monnaie de Consommation.

Nous avons un autre compte à l'actif de l'Institut F. Il s'agit du compte Monnaie de Financement. C'est au débit de celui-ci que sera enregistré, à l'étape 1, le prêt de 480'000 attribué à Lambda.

---

1. Ce tableau présente le principe de l'enregistrement des opérations. Dans la pratique, il s'avérera sans doute nécessaire de recourir à d'autres éléments de la technique comptable. Voir à ce sujet la note a, p. 307.

Comptabilisation des opérations de l'Institut de Financement F

Étape 1 : La société Lambda a besoin de 500'000. L'Institut de Financement F lui prête 480'000 et Dujardin 20'000, pour une durée de 5 ans

	ACTIF		PASSIF	
	Mouvements Monnaie Scripturale	Émission Monétaire	Compte de Financement Lambda	Compte de Prêt Dujardin
(1) Virement de C.C.D. Dujardin (Banque A)	20'000			20'000
(2) Prêt Dujardin à Lambda			20'000	20'000
(3) Prêt Institut de Financement F à Lambda		480'000	480'000	
(4) Virement vers C.C.C. Lambda (Banque B)	500'000	480'000	500'000	

Étape 2 : La société Lambda rembourse la première échéance à Dujardin et à L'Institut de Financement F

	Mouvements Monnaie Scripturale	Émission Monétaire	Compte de Financement Lambda	Compte de Prêt Dujardin
(1) Virement de C.C.D. Lambda (Banque B)	100'000		100'000	
(1) Remboursement Lambda à Dujardin			4'000	4'000
(1) Remboursement Lambda à Institut F		96'000	96'000	
(1) Virement vers C.C.D. Dujardin (Banque A)	4'000			4'000

Le tableau montre donc comment l'argent de Dujardin arrive, depuis la Banque A à l'Institut F (1), pour être viré sur le compte de Financement de Lambda (2). En (3) nous voyons le prêt de l'Institut F à Lambda pour un montant de 480'000. Enfin, en (4) ce sont les 500'000 dont Lambda a besoin qui sont virés sur son Compte de Consommation Courante à la banque (B). Ceci marque la fin de l'étape 1.

Notons que, si la société Lambda n'avait pas besoin de la totalité du financement dans l'immédiat, celui-ci serait mis à sa disposition par tranches successives, au moment nécessaire, c'est-à-dire lorsqu'il va utiliser ses droits à consommer pour régler ses achats, par exemple, en machines et matières premières. La Monnaie de Financement, en tant que telle, n'existe que pour un instant. Aussitôt créée, elle devient Monnaie de Consommation qui est le pendant comptable d'actes de l'économie réelle.

À l'étape 2, nous voyons les mouvements inverses. Lambda vire, sur son compte de Financement, les 100'000 qu'il doit rembourser chaque année (5). La contrepartie de cette écriture apparaît au débit du compte Mouvement de Monnaie Scripturale. En (6), Lambda rembourse Dujardin pour 4'000. En (7), il rembourse 96'000 à l'institut F. Notons que, s'il y a eu création de droits à consommer en (3), il y a maintenant résorption de ces droits pour 96'000.

Reste la question de ce que Dujardin va faire avec les 4'000 qui viennent de lui être remboursés. Il pourrait les prêter à une autre entreprise, ou à un particulier. Ici, en (8), nous illustrons ce qui se passe s'il a besoin de ces

4'000 et les fait revenir sur son Compte de Consommation Différée, puis de là sur son Compte de Consommation Courante. À cet endroit, il subira une décote de 400 et disposera de 3'600 sur son CCC[1].

Dans notre hypothèse Dujardin prête à l'entreprise Lambda. Il assume donc le risque que celle-ci ne puisse pas le rembourser. En échange, il bénéficie d'une faible décote de ses 20'000. Celle-ci serait de 8'190 [soit : $20'000*(1 - 0.9^5)$] s'il avait laissé son argent sur son Compte de Consommation Différée. En prêtant sur 5 ans, avec un remboursement de 4'000 chaque année, il subit une décote de 400 lors du retour sur son CCC. La décote totale sera alors de 5*400 = 2'000. Son prêt lui permet d'avoir, au final 6'190 de plus. Dans cette opération, il "gagne" donc 31% de sa mise initiale.

Envisageons le cas dans lequel le projet de Lambda ne réussit pas et l'entreprise cesse son activité sans pouvoir rembourser l'Institut F. Que deviennent les 480'000 de droits à consommer qui circulent désormais dans l'économie ? D'un côté les entreprises les ont reçues en règlement de biens et services qu'elles ont fournis à Lambda. Mais celle-ci n'avait pas encore obtenu ces droits à consommer par sa propre activité et elle ne pourra le faire par la suite, puisqu'elle fait faillite. Un déséquilibre de 480'000 s'est donc installé dans l'ensemble de l'économie. Comment le résorber ?

Si l'on fait le bilan consolidé de l'ensemble des entreprises qui se créent chaque année, il est toujours positif. Certaines font faillite, les autres volent de leurs propres ailes, mais l'ensemble dégage un large excédent.

---

1. Ces dernières opérations apparaîtraient dans la comptabilité de la Banque A et non dans celle de l'Institut de Financement.

Comme l'a fait remarquer Lucien Pfeiffer[1], nous avons
là ce qui relève de l'assurance. Les pertes peuvent être
mutualisées en contrepartie d'une cotisation de chaque
entreprise. Dans le chapitre sur le Capital (Tome 2), nous
verrons comment appliquer cette technique à l'Assurance
d'Exploitation. Cet outil permettrait déjà qu'une partie
des annuités ou mensualités que Lambda devrait rembourser à l'Institut F soit prise en charge par cette assurance en cas d'incapacité de Lambda d'y faire face.

Mais il nous semblerait bon d'envisager une implica-
tion de l'Institut F, par une cotisation à une assurance.
Cette cotisation serait imputée à son budget de fonctionnement. Ainsi, l'ensemble des Instituts de Financement
mutualiserait les défaillances de remboursement auxquelles elles devraient faire face. Dans le cas présent,
l'assurance réglerait les 480'000 de Lambda. Cet argent
serait donc retiré des droits à consommer que les Instituts de Financement avaient, par le versement de leurs
primes, « mis de côté » dans l'années en cours et que,
précisons-le bien, la compagnie d'assurance n'avait pas
mis en circulation. Elle les avait seulement comptabilisés.
De cette façon, par le règlement de la compagnie d'assurance à l'Institut F, des droits à consommer, pour un
montant de 480'000, auront bien été supprimés. L'ensemble du système sera de nouveau en équilibre.

Quel est l'intérêt d'impliquer ainsi l'Institut F, au lieu
de simplement laisser la compagnie d'assurance payer à
Lambda son déficit d'exploitation, ce dernier rembour-
sant alors à F les annuités ? Par cette méthode, l'Institut

---

1. Voir Lucien Pfeiffer, *Le capitalisme et après* ? Éditions Yves Michel. On trouvera une description de cette Assurance d'Exploitation dans *Démocratie Évolutive*, chapitre *Aux ressources de
l'humain*.

F est davantage impliqué dans ses choix pour l'attribution des crédits. Si ses employés font trop d'erreurs d'évaluation, la compagnie d'assurance sera beaucoup sollicitée. Dans un premier temps elle peut appliquer un malus à F, ce qui se reportera sur le compte d'exploitation de ce dernier. Si le problème perdure, l'assurance peut refuser de continuer de travailler avec F. Celui-ci risque de ne plus trouver d'assureur. Il devra alors cesser son activité, car sa licence lui sera retirée.

En mettant en place un tel système d'assurance, nous améliorerons la qualité du mode de financement.

Nous avons maintenant les grandes lignes du fonctionnement des Monnaies de Financement et de Consommation. Pour une vision complète de la monnaie et de son rôle dans le fonctionnement de l'économie, nous allons regarder une troisième circulation, la Monnaie de Contribution. Elle nous fera voir sous un angle nouveau, la grave question que notre société ne sait pas encore résoudre : celle du chômage. Nous ferons ainsi un lien avec une autre branche de la Croix de l'Économie, celle qui a trait au travail.

Mais auparavant, nous allons regarder une expérience de création monétaire qui existe depuis 80 ans et qui, par certains aspects, est proche du mode de financement que nous préconisons.

Chapitre 21

L'expérience WIR

Avec des institutions monétaires fonctionnant sans banque centrale; avec les Instituts de Financement allouant du crédit sur la seule base de l'activité économique réelle à venir et non sur l'argent accumulé dans le passé ; avec la Monnaie de Consommation considérée uniquement comme une unité de compte, fondante et non accumulable ; donc, avec une monnaie qui serait enfin reconnue pour ce qu'elle est: une comptabilité ; avec toutes ces propositions, nous avons atteint l'impensable que nous annoncions en début d'ouvrage.

Certains seront sans doute tentés de fermer le livre en concluant qu'il s'agit encore d'une de ces utopies qui fera rêver quelques idéalistes, mais que la sage réalité économique se chargera de faire oublier rapidement.

Que ces lecteurs dubitatifs attendent un peu avant de conclure si vite. Car ce que nous préconisons existe partiellement, depuis 1934. Une expérience de 80 années, qui rassemble un cercle de 60'000 PME suisses, qui traverse les crises du système monétaire, avec un effet contra-cyclique positif sur la vie des entreprises; une telle expérience nous montre que la société civile a le potentiel de créer et gérer les outils monétaires nécessaires à la bonne marche de l'économie réelle. De quoi s'agit-il?

En 1934, la grande dépression résultant du crash de 1929 pesait lourdement sur l'économie européenne. Le manque de confiance empêchait tout financement. Les entreprises n'obtenaient pas les facilités nécessaires à leur trésorerie courante. On hésitait à conclure une vente, car l'on n'était pas certain d'être payé. Un effet domino avait propagé ce phénomène sur l'ensemble du commerce qui était bloqué.

Une quinzaine d'artisans et de petits entrepreneurs Suisses prirent alors l'initiative de créer le Cercle Économique WIR, en allemand Wirtschaftsring. Les trois premières lettres donnèrent le nom à cette expérience. Mais WIR a aussi une valeur symbolique, car il signifie *Nous*. Était ainsi indiquée une volonté d'action commune pour mettre en place, par soi-même, des réponses à la crise.

Ces chefs d'entreprises décidèrent de régler leurs échanges commerciaux dans une monnaie, le Franc WIR qui avait la même valeur que le Franc Suisse. Ils ne mirent pas en circulation des billets. Chaque opération était comptabilisée par l'organe de gestion du Cercle, comme cela est décrit dans l'encadré, page suivante.

Le WIR en pratique

Dans une transaction entre deux membres du cercle d'échange, l'entreprise A décide de régler une partie de sa facture en WIR, par ex. 1'000 WIR pour un montant total de 5'000 Francs Suisses. (C'est le prestataire, l'entreprise B, qui détermine le plafond, et celui-ci n'atteint jamais 100% de la facture.) Elle règle 4'000 en Francs Suisses et ouvre un crédit de 1'000 WIR auprès de la chambre de compensation. L'entreprise B reçoit 4'000 francs et 1'000 WIR ; ces 1'000 WIR viennent d'être créés ex nihilo, et existent comme une dette de l'acheteur vis-à-vis de la chambre de compensation. L'entreprise B achète à son tour un bien pour 10'000 francs à l'entreprise C, et décide de régler 2'000 en WIR : elle dépense les 1'000 WIR qu'elle possède et ouvre une ligne de crédit de 1'000 de la même façon que A.

Dans ce système, le crédit n'est pas accordé par un tiers ; la chambre de compensation met seulement le plafond pour chaque membre. La création monétaire est décidée par les entreprises qui s'engagent dans la transaction, et se produit à un seul endroit, dans la chambre de compensation qui enregistre toutes les transactions. C'est une des différences avec les lignes de crédit proposées normalement par les banques : la création monétaire est ici centralisée, comparable aux lignes de crédit enregistrées par une banque centrale. En pratique, les PME suisses utilisent le crédit WIR en complément des lignes de crédits traditionnelles, surtout au moment où les banques resserrent leurs crédits.

L'entreprise B accepte d'être payée en partie en WIR, parce qu'elle sait qu'elle pourra à son tour acheter avec les WIR ; d'autre part, l'adhésion au cercle d'échange se traduit typiquement par une hausse de chiffres d'affaires d'environ 5% (effet fidélisation du client au sein du « club »).

---

1. Cet encadré est tiré du document *Pluralité monétaire et stabilité économique: l'expérience suisse*, publié par le Veblen Institute. (http://www.veblen-institute.org/IMG/pdf/pluralite_monetaire_et_stabilite_economique_fr_oct_2011_.pdf)

2. Au chapitre 19, nous avons montré en quoi l'expression *ex nihilo* est inappropriée. Les WIR sont créés à partir de la confiance qu'a la Banque WIR en l'activité future de l'entreprise A.

Dans un même livre de compte, on enregistrait simultanément le débit du compte de l'entreprise acheteuse et le crédit de celui de l'entreprise vendeuse. L'argent ne transitait pas physiquement, mais de façon scripturale, en symétrie par rapport à la comptabilité des deux entreprises.

Au départ, les entrepreneurs n'avaient pas de Francs WIR. Pour en obtenir, ils ne convertissaient pas des Francs Suisses dans cette nouvelle monnaie. Sinon quelle en aurait été l'utilité ? S'ils disposaient de cet argent, ils auraient réglé directement leurs achats dans la monnaie officielle.

Pour les premières opérations, chaque entreprise ouvrait une ligne de crédit auprès du Cercle Économique qui donc créait les WIR, en fonction du potentiel estimé et de la situation de l'entreprise. Celle-ci vendait également des biens ou des prestations dont une partie lui était réglée en WIR. Elle comblait ainsi le découvert de son compte.

Autrement dit, les WIR servaient à financer la trésorerie des membres du Cercle Économique. Ils répondaient donc au problème de crédit bancaire insuffisant, en 1934.

Le succès fut immédiat. En 1936, après deux années d'activité, le Cercle Économique WIR comptait 3'500 PME utilisant cette monnaie, pour un volume annuel d'échanges s'élevant à un million, soit environ cinq millions si l'on inclut la part des affaires réglées en Francs Suisses. Pour l'époque, c'était une jolie somme.

Dans d'autres pays européens, des expériences similaires avaient vu le jour avec succès. Mais les autorités y avaient mis fin rapidement. La Suisse a une histoire et une tradition citoyenne différente. Les autorités étaient bien sûr circonspectes vis-à-vis de cette expérience. Mais elles ne l'interdirent pas ; elles l'encadrèrent en imposant au Cercle de prendre une licence bancaire. Ainsi naquit la Banque WIR qui est soumise à la réglementation bancaire suisse, mais qui propose des services dans deux monnaies: le Franc Suisse et le Franc WIR.

Il est à noter que les membres du Cercle Économique WIR n'éprouvaient pas le besoin de cette licence, car leur système était équilibré et sous contrôle de l'assemblée générale des coopérateurs. Il était de l'intérêt de chaque membre que le système soit sain.

Ils mirent donc en place des procédures de contrôle et de rééquilibrage, notamment en cas de faillite d'une entreprise qui était débitrice en WIR.

Comme c'est la Banque WIR qui octroie la ligne de crédit, elle supporte la perte d'un débiteur défaillant. Un taux d'intérêts de 1% sur les découverts et un prélèvement de 1% sur chaque transaction en WIR (à la charge du vendeur) permettent de couvrir les frais de fonctionnement du WIR et les pertes exceptionnelles.

Les transactions en WIR sont enregistrées instantanément par la Banque. L'entreprise vendeuse est donc payée comptant. Ceci présente un double avantage: une meilleure trésorerie pour chacun et pas de perte sur créance, en cas de faillite d'un débiteur. La Banque WIR en supporte la charge. Autrement dit, les défaillances de paiements sont mutualisées, par le biais de la Banque. Notons qu'en 2012, le montant n'atteignait pas 0.05 % de la totalité des WIR « en circulation », ce qui est très faible.

Une autre disposition que dut prendre la Banque concerne la conversion des Francs WIR en Francs Suisses. Depuis 1973, elle n'est plus possible, ni dans un sens, ni dans l'autre. Pour comprendre la raison de cette décision, il faut regarder que la Banque WIR est une coopérative d'environ 2'300 entreprises membres. Or 60'000 PME utilisent le Franc WIR, la plupart de façon régulière. Mais elles n'ont pas toutes décidé de s'impliquer trop dans la gestion, en devenant coopérateur.

Parmi toutes ces entreprises, un petit nombre sont des utilisatrices occasionnelles. Elles ont recours au WIR lorsque l'économie est en conjoncture basse ou quand les taux d'intérêts en Francs Suisses sont élevés. Ces entreprises étant dans ce circuit plus ponctuellement, elles peuvent se retrouver avec des WIR en excédant, dont elles veulent se défaire. Il est ainsi apparu un marché noir du WIR que les coopérateurs ont décidé d'enrayer en rendant le WIR inconvertible, en 1973. Depuis les tentatives de fraudes sont rares. Ceux qui se font prendre à ce jeu, par la commission interne de contrôle, sont exclus du système et doivent payer une pénalité de 50'000 Francs Suisses.

Avec le temps, un nouveau besoin est apparu parmi les utilisateurs du WIR. Jusqu'au début des années 90, les entreprises avaient un compte à la Banque WIR et un autre dans un autre établissement pour leurs opérations en Francs Suisses. La plupart des règlements se faisant dans les deux monnaies, simultanément, il en résultait une lourdeur de gestion. D'autre part, pour financer l'acquisition de machines ou de locaux, les entreprises devaient monter deux dossiers pour deux banques. Elles ont donc demandé à la Banque WIR d'ouvrir des comptes en Francs Suisses. Elles voulaient aussi une seule carte bancaire permettant d'effectuer un règlement pour partie en WIR et pour le reste en Francs Suisses.

Par étapes, la banque WIR s'est adaptée à ces réalités, allant jusqu'à proposer des crédits mixtes et des comptes d'épargne et de prévoyance. Puis en 2000, la banque s'est ouverte aux entreprises et particuliers n'utilisant pas le WIR. Aujourd'hui, ceux-ci sont au nombre de 40'000. Elle a donc un double fonctionnement: celui d'une banque traditionnelle et celui de la zone WIR.

Dans le cadre des propositions faites dans ce livre, l'évolution de la Banque WIR nous enseigne plusieurs choses:

1. Pour ce qui concerne la zone monétaire WIR, la Banque a un fonctionnement proche de celui d'un Institut de Financement tel que nous l'avons décrit au chapitre précédent. Cette initiative a traversé toutes les crises économiques depuis 80 ans. Dans ces moments, elle a joué un rôle d'appui aux PME, évitant nombre de faillites et soutenant l'activité du commerce.

    Que ce Cercle Économique regroupe 60'000 PME, réalisant un chiffre d'affaires annuel total, en WIR, de 1.5 milliards de WIR (1.2 MM d'Euros), qu'il soit capable de s'autoréguler et de s'adapter aux boule-versements économiques, tous ces faits montrent que des initiatives libres, nées au sein de la société civile sont utiles et devraient être encouragées.

L'expérience WIR montre aussi qu'un Institut de Financement géré par la société civile est possible.

2.   Le WIR crée de la monnaie, sans le recours à une Banque Centrale. Il est l'exemple vivant que celle-ci n'est pas nécessaire et qu'elle est un corps étranger à l'économie. Le fait que la Banque WIR ait une licence et qu'elle soit donc sous le contrôle de l'autorité bancaire et de la Banque Nationale Suisse ne contredit pas ce qui vient d'être dit. Sur le plan de la circulation et de l'émission du WIR, le Cercle Économique continue de vivre, au sein de la Banque WIR, selon son principe fondateur et il n'a nul besoin de la Banque Centrale.

3.   L'évolution a montré que la double monnaie posait des problèmes de gestion pour les entreprises. La Banque WIR a dû, peu à peu, s'ouvrir au circuit monétaire principal, du fait que les entreprises commerçaient dans les deux monnaies. L'effet contra-cyclique avéré du WIR montre que cette monnaie n'existe que parce que la monnaie officielle ne joue pas pleinement le rôle qui devrait être le sien. Le WIR est né pour cette raison et son existence continue parce que les monnaies officielles sont restées au stade de monnaies- marchandises et n'ont pas su devenir, à l'image du WIR, des monnaies-comptabilités.

Le WIR est considéré comme une monnaie complémentaire. Mais de quoi l'est-elle? Si une chose appelle un complément, c'est qu'elle ne remplit pas totalement la fonction pour laquelle elle a été créée. C'est ainsi que nous avons des retraites complémentaires et des assurances santé complémentaires. Notons que leurs ressources passent par les circuits de la spéculation.

Dans le cas de la monnaie complémentaire, nous avons la situation inverse: la monnaie officielle est principalement dans la sphère spéculative et la monnaie complémentaire se consacre à la seule économie réelle.

Demandons-nous s'il ne vaudrait pas mieux aborder les véritables causes des dysfonctionnements monétaires. Le chaos économique dans lequel nous sommes ne devrait-il pas nous y inciter ?

4. Les monnaies complémentaires fleurissent un peu partout et beaucoup de gens y voient une solution aux maux générés par le chaos économique. Nous reviendrons sur cette question dans le chapitre *Ne nous trompons pas de combat.*

    Pour l'heure, faisons une remarque: le WIR possède deux attributs essentiels: il est une monnaie comptabilité et il peut être créé sur la base de l'activité future de l'entreprise, c'est-à-dire qu'il correspond à ce que nous avons appelé la Monnaie de Financement.

    Aujourd'hui, nous voyons apparaître certaines monnaies complémentaires qui n'ont aucun de ces attributs. Elles existent sous forme de billets et n'ont pas accès à une création monétaire par le crédit.

Ou alors, si elles le proposent, c'est à partir de la monnaie nationale qui nantit déjà la monnaie complémentaire émise. Il ne s'agit donc pas d'une création monétaire analogue à celle que fait la Banque WIR. Or ces monnaies complémentaires se réfèrent au WIR qu'elles citent en exemple pour justifier le besoin de monnaies parallèles. N'y a-t-il pas là une confusion ?

Chapitre 22

Une troisième forme de monnaie :
la Monnaie de Contribution

Nous avons exposé le fonctionnement de deux monnaies, celle qui est utilisée pour la consommation dans l'économie réelle et celle qui est destinée à de nouveaux financements. Ces monnaies ne sont pas différenciées par l'unité de compte qui les désigne. Par exemple, on utilisera le terme Euro aussi bien pour compter l'une que l'autre. Ce qui fait la spécificité de chacune réside dans sa circulation. En réalité, lorsque nous parlons de ces deux monnaies, nous caractérisons deux circuits différents qui communiquent entre eux.

Il en va de même avec la troisième monnaie. Il ne s'agit pas d'une monnaie de compte différente, mais d'une autre circulation. Pour le dire autrement, la monnaie, selon le circuit dans lequel elle se trouve, revêt d'autres qualités.

Nous pourrions comparer ce fait avec ce qui se passe pour la circulation sanguine, dans le corps humain. Les spécialistes d'anatomie parlent de la petite et de la grande circulation, la première étant celle qui va des poumons au cœur (et inversement) ; la deuxième étant celle qui va du cœur au reste de l'organisme et qui y fait retour. Ces deux circulations ont des fonctions particulières. Pourtant, dans chacun des cas, nous utilisons le mot sang pour désigner le liquide qui y circule.

Nous allons peu à peu nous faire une image de la Monnaie de Consommation qui comprendrait non pas une, mais deux circulations, une grande et une petite.

Et nous verrons que la petite est aussi nécessaire à la vitalité et à la santé de l'économie que la circulation pulmonaire l'est pour le corps humain.

Osons pousser la comparaison un peu plus loin. Nous savons que la petite circulation se met en place à la naissance, avec la première inspiration de l'air extérieur. Jusque-là, l'embryon était parcouru par une seule circulation qui était en lien avec celle de la mère.

Si la deuxième circulation se mettait en place de façon insuffisante, voire défectueuse, qu'en résulterait-il ? De nombreux dysfonctionnements s'installeraient dans le corps de l'enfant. En particulier, le gaz carbonique ne pourrait être évacué suffisamment et l'oxygène, source de régénération, viendrait à manquer. Nous pouvons imaginer les troubles graves et les maladies qui découleraient de cet état corporel.

Portons un regard d'ensemble sur la société. N'avons-nous pas affaire à la même insuffisance constitutive. Nous voyons, d'un côté, de la monnaie qui s'accumule à certains endroits, comme le font les toxines dans l'organisme. De l'autre, nous constatons une régénération insuffisante de nos modèles et modes de fonctionnement. De partout viennent des appels pour de nouvelles formes sociales, pour une société postindustrielle. Mais nous fonctionnons en circuit fermé, avec les mêmes stéréotypes. Nous sentons que notre société est à bout de souffle, mais lâchons-nous nos schémas anciens pour inspirer un air nouveau ?

L'on pourra être surpris que nous évoquions cette situation au moment d'aborder la troisième monnaie. Et on le sera encore davantage si nous disons qu'il s'agit d'une Monnaie de Contribution, laquelle au fond, revêt un caractère de don par rapport au fonctionnement courant de l'économie. Le terme de don est assez peu associé aux pratiques financières actuelles qui montrent souvent le contraire et sont plutôt dans une logique du « toujours plus ».

Bien entendu, les grands financiers font aussi des dons qui ont généralement un caractère philanthropique. Or la Monnaie de Contribution que nous allons décrire n'a pas à voir avec une connotation éthique. Il ne s'agit pas de charité. Nous sommes dans le domaine économique et c'est de ce point de vue que doit apparaître la nécessité d'une deuxième circulation au sein de la Monnaie de Consommation.

En réalité, cette deuxième circulation existe déjà dans la société, mais de façon tronquée et largement insuffisante. En grande partie, elle se fait par l'impôt et les taxes que l'on désigne également avec un autre terme, mais qui est tombé un peu en désuétude. Pourtant lorsqu'on parlait de contribution, on indiquait que, par notre argent, nous contribuions au fonctionnement de l'ensemble de la société. En payant l'impôt, je contribue à la construction des routes, des voies ferrées et fluviales, de la police, de l'armée, de l'éducation, etc.

Par le fait que nous avons des impôts, directs ou indirects, nous signifions que nous considérons comme normal et nécessaire qu'une partie des surplus qu'engendre l'économie sorte du circuit marchand et aille financer le non-marchand. Il existe bel et bien une circulation qui va du marchand au non-marchand. Nous ne rajoutons donc pas un élément étranger à l'économie actuelle. Il s'agit de donner à cette circulation toute la dimension qui lui est nécessaire. Pour y parvenir, nous avons besoin de préciser ce qu'est l'économie non-marchande.

Reprenons le schéma que nous avons fait à propos des trois secteurs de l'économie[1].

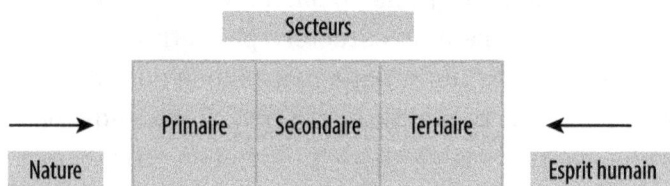

Nous avions vu que, dans le secteur tertiaire, la nature tendait à passer à l'arrière-plan de la production d'un acte économique. La prestations d'un avocat s'appuient, d'une manière marginale, sur la nature. Son matériau est le corpus de lois qui est une création humaine.

1. Voir p. 63

Si nous examinons de plus près ce secteur tertiaire, nous voyons se dessiner une transformation progressive. Prenons quelques exemples. Le but n'est pas de regarder, dans le détail, tous les métiers qui le composent. En premier lieu, il s'agit de voir à quel endroit apparaît l'économie non marchande, puis de saisir comment celle-ci peut être divisée en deux parties bien distinctes.

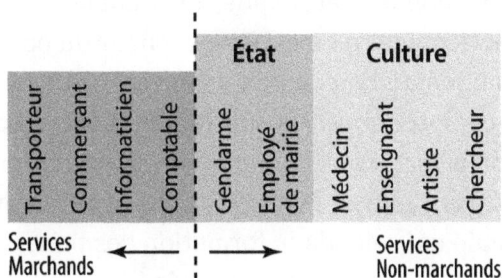

Au premier abord, il peut sembler étrange de parler de prestations économiques pour, par exemple, un gendarme ou un instituteur. Pourtant la contribution de l'un et de l'autre est essentielle au bon fonctionnement de l'économie. Imaginons le chaos qui résulterait du fait qu'il n'y ait personne pour faire respecter les lois. Les conséquences économiques ne tarderaient pas à se montrer.

De la même façon, un instituteur apporte à l'enfant des éléments qui lui permettent de se construire. Sans entrer dans les nuances qui seraient nécessaires, nous pouvons dire que, par exemple, la créativité dont quelqu'un pourra faire preuve dans sa vie professionnelle trouve souvent son origine dans la pédagogie qu'il a ou n'a pas vécue dans son enfance. Ici, la conséquence de la prestation de l'enseignant ou de l'éducateur se voit sur une période qui peut être très longue.

Dans les deux cas, le gendarme et l'instituteur, nous sommes devant une « production » qui n'est pas directement mesurable. La valeur économique créée ne peut pas recevoir une transposition directe sous forme de prix.

Dans l'économie marchande, la production d'un bien ou d'un service peut être chiffrée à partir du contexte socio-économique du lieu où elle se forme. Nous ne voulons pas dire que cette question soit facile. Bien au contraire, lorsque l'on a sorti de l'économie les quatre éléments qui ne doivent pas y entrer, la question qui apparaît au centre de l'économie est celle de la formation des prix. C'est vers elle que devrait converger toute l'énergie des différents acteurs. Nous n'entrerons pas, ici, dans le détail de cette question. Nous l'avons traitée dans *La Démocratie Évolutive*[1] et nous la reprendrons dans le Tome 2.

Pour ce qui nous occupe ici, nous nous limitons à constater que la prestation du gendarme comme celle de l'instituteur ne peuvent se mesurer de façon directe. Comment pourrait-on chiffrer l'absence de chaos sur les routes, par exemple ? À certaines occasions, lors de grèves ou blocages affectant le réseau routier, les économistes évaluent le nombre de centaines de millions que perd l'économie. Devrait-on aligner le salaire des gendarmes sur ces statistiques ? Sans doute ne seraient-ils pas contre une telle mesure qui serait à leur avantage. Mais son irréalité sur le plan économique causerait des problèmes ailleurs.

---

1. Cf. *La Démocratie Évolutive*, chapitre *La formation des prix*.

Avec le gendarme, nous ne pouvons chiffrer l'absence, c'est-à-dire quelque chose qui ne peut être présent en même temps que son contraire. Avec l'instituteur, nous ne pouvons mesurer des qualités qui, peut-être, apparaîtront ou n'apparaîtront pas dans les décennies à venir. Nous pourrions prendre d'autres exemples de métiers issus de cette frange du secteur tertiaire. Nous ferions, à chaque fois, le même constat. Le service fourni est une valeur réelle de l'économie, mais il ne peut être vendu directement, comme le serait un produit de consommation courante, par exemple, ou un transport de marchandises par camion.

Nous voyons donc se dessiner une frontière entre deux domaines bien distincts de l'économie, le marchand et le non-marchand. L'exemple que nous avons pris révèle néanmoins une différence essentielle. L'un des métiers relève des fonctions régaliennes de l'État. Avec la police, nous pouvons dire que nous sommes dans le domaine de la loi. C'est-à-dire que nous sommes au cœur même de ce qu'est l'État. Avec l'éducation, nous sommes dans le domaine de la culture comme pour la recherche ou l'art.

Nous pouvons donc conclure que le non-marchand dans l'économie se divise en deux sous domaines. Le premier a affaire avec tous les services de l'État, en tant que responsable de tout ce qui est en lien avec la loi. Le deuxième sous domaine est celui de la culture qui obéit à une autre dynamique.

Nous n'entrerons pas ici dans le détail de ce qui différencie ces deux sous-domaines de l'économie non-marchande. Nous l'avons abondamment fait dans trois autres ouvrages, à propos de l'éducation, en montrant la confusion qui règne dans les concepts.

En superposant services publics et État, nous nous coupons de possibilités dont nous ne savons pas encore bien mesurer les conséquences. Mais si nous acceptions de mettre de côté les idées préconçues, voire les dogmes, nous pourrions nous rendre compte qu'il existe des services publics qui, dans notre schéma, apparaissent à droite et à gauche de l'État[1], c'est-à-dire : dans l'économie marchande et également dans la partie « culture » de l'économie non-marchande. Si, par exemple, nous abordions la question du statut de La Poste à l'aide de cette notion, nous trouverions des formules qui éviteraient, d'un côté, le statu quo d'une entreprise marchande liée à l'État, alors qu'elle n'a rien à y faire ; et, de l'autre, la privatisation à la façon libérale qui engendre de multiples problèmes. Le prochain chapitre fournira l'occasion de voir comment nous pourrions créer, dans le domaine de la monnaie, un service public autonome par rapport à l'État unitaire.

Du point de vue économique, il existe une grande différence entre les prestations réalisées dans le domaine de la culture et les autres. Si nous prenons les produits issus des secteurs primaires ou secondaires, nous voyons qu'ils ont une durée de vie limitée. Ils sont consommés à une échéance plus ou moins longue. Il faut un certain temps pour les produire et arriver jusqu'à l'acte de vente.

Ensuite la durée de vie du produit, pendant sa consommation, dépendra de la nature de celui-ci. Une salade est rapidement consommée. Un vêtement a une durée de

---

1. Cf. schéma p. 199.

vie plus longue ; un meuble, davantage encore. Une maison, si elle est construite selon les règles de l'art et entretenue, aura une durée de vie qui dépassera le siècle.

Mais dans tous les cas, il y aura soit une consommation totale aboutissant à une disparition complète du produit, soit une usure. Nous pouvons représenter ceci par un schéma montrant la durée variable de la consommation d'un objet résultant d'une production de l'économie marchande et, également de la non-marchande relevant de l'État.

Dans le domaine de la culture, il n'en va pas de même, ou alors c'est le signe qu'elle est tombée dans le domaine marchand.

Un instituteur ou un artiste peut avoir sur un enfant ou un adulte un effet qui s'inscrit dans la durée et qui, même, peut grandir. La lecture d'un livre ou une pièce de théâtre peuvent inspirer des idées, des sentiments ou des impulsions créatrices qui feront leur chemin et apporteront, au cours du temps, des qualités dans la vie professionnelle.

Avec une culture de cette nature, nous avons des valeurs économiques produites qui continuent de croître après leurs prestations. Leurs courbes de vie sont à l'inverse de celles des productions du reste de l'économie (voir schéma page suivante).

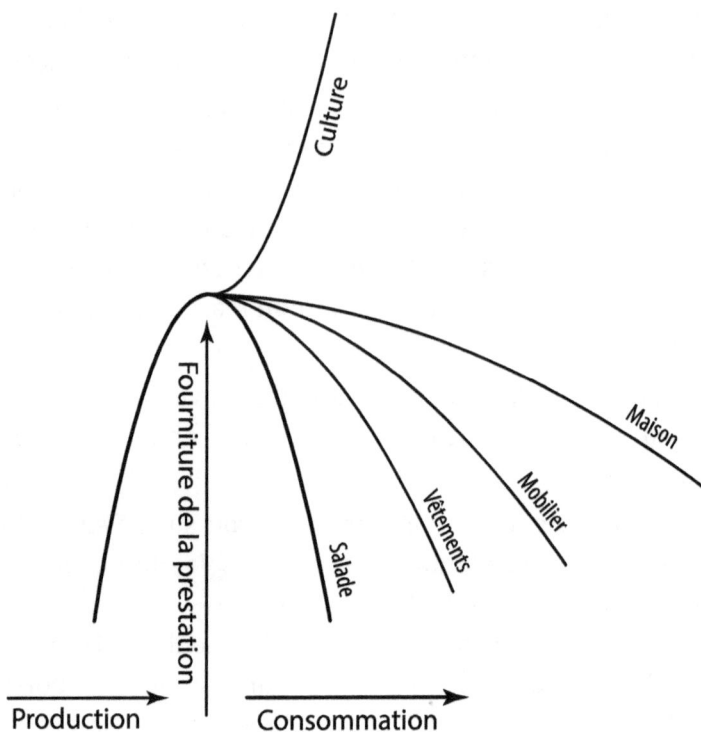

A l'aide de cette notion, nous pouvons réaliser à quel point l'économie a besoin de valeurs qui continuent de croître. Elles sont ce qui permet au processus économique de ne pas s'épuiser. Ce qui provient de la culture devrait, sans cesse, apporter un élément régénérateur au reste de l'économie. Il est donc essentiel que ce domaine soit considéré pour ce qu'il est, c'est-à-dire pour quelque chose qui se situe en dehors de l'économie marchande, mais qui est vital pour celle-ci.

Il est d'ailleurs intéressant de se rappeler que les initiatives de l'OCDE et de l'OMC, en particulier l'AMI et l'AGCS[1], ont déclenché contre elles des mobilisations fortes en France et en Europe. Des slogans comme « La culture n'est pas une marchandise » illustrent cette prise de conscience des enjeux. Ceux qui se sont mobilisés sentaient que l'on touchait là à un élément vital de la société.

Cet élément vital doit pourtant avoir les moyens de son existence. S'il ne vend pas directement ses prestations, il doit recevoir, par un autre biais, ce qui lui permettra de continuer. Autrement dit, l'ensemble de l'économie marchande ayant besoin de l'autre, se doit de fournir à cette dernière ce qu'il lui faut pour se développer dans de bonnes conditions. Pour que l'économie soit saine et équilibrée, le marchand doit contribuer au non-marchand.

L'économie marchande produisant, par nature, des surplus de droits à consommer, ceux-ci doivent être orientés vers ceux qui en ont besoin. Les surplus de Monnaie de Consommation qui, dans l'économie actuelle sont traités comme des marchandises, et pénètrent dans l'économie en tant que spéculation, ces excédents de Monnaie de Consommation vont donc s'orienter dans une autre direction. Certes, comme nous l'avons dit, une partie le fait déjà par le biais des impôts et des taxes. Mais il est visible que c'est largement insuffisant. D'autre part, la manière dont ceci est fait, par imposition, n'est pas non plus satisfaisante. Examinons ces deux questions.

1.   Si nous caractérisons, à grands traits, la conception libérale, nous dirons qu'elle veut que soit réellement du domaine de l'économie ce qui produit du

---

1. Voir notes b. et c. p. 310 & 311.

profit. Le reste est considéré comme une charge, voire un frein au développement de l'économie.

Dès lors, deux attitudes sont envisagées. La première consiste à réduire au maximum ces budgets que l'État affecte à l'économie non-marchande : coupes dans les dépenses de l'éducation, de santé, de protection sociale, etc. Cette méthode est appliquée partout où les néo-libéraux peuvent soit arriver au pouvoir, soit influencer les chefs d'État. Dans les pays défavorisés ou en difficultés, ce sont ces traitements de chocs qui seront appliqués pour préserver la rentabilité des capitaux. Les services sociaux de l'État sont alors réduits à leur plus simple expression, au détriment des populations. Le phénomène est bien connu.

La deuxième attitude consiste à privatiser ce qui peut l'être dans l'économie non-marchande, c'est-à-dire à la faire entrer, contre nature, dans la sphère marchande.

Dans chacune de ces situations, nous assistons à une baisse de la qualité des services et à une augmentation du chômage, du fait de la compression des postes de travail. Seuls ceux qui ont des revenus confortables peuvent s'offrir des prestations de qualités, dans des institutions qui ont du personnel en quantité suffisante, mais qui le tarifient au client.

Cette approche libérale du non-marchand participe à la maladie de l'économie. Dans l'optique de traiter celle-ci de façon saine, la société civile devrait faire le contraire, affecter davantage d'argent à ce qui est non-marchand, en particulier au domaine de la culture, de la santé, de l'éducation spécialisée ou non spécialisée. Cet argent proviendrait des surplus dégagés par l'économie marchande. Il permettrait aux institutions de ce domaine d'engager des collaborateurs dans des conditions décentes et non par toutes sortes de contrats aidés qui représentent des solutions bancales, n'offrant une situation satisfaisante ni à l'association employeuse, ni à l'employé. Une grande partie du chômage pourrait ainsi être résorbée[1].

Nous voyons ainsi que le problème du chômage est un problème mal posé. Ce ne sont pas les places de travail qui manquent. Il y a suffisamment de tâches pour tout le monde. La question ne se situe pas au niveau du travail, mais de la rémunération. Pour la résoudre, il est nécessaire d'instaurer une troisième circulation de la monnaie qui procède de la contribution.

2. Nous employons le mot contribution au lieu d'imposition. Par là, nous voulons désigner une action qui a été choisie et voulue par celui que l'on appelle le contribuable. Une véritable démocratie permettrait au citoyen de choisir le lieu où il veut que sa contribution aille. Par exemple, chacun devrait pouvoir décider quel domaine de la recherche il souhaite

---

1. L'autre partie le serait par le fait que l'agriculture emploierait davantage de monde. En effet, des politiques respectueuses de l'environnement et également des conditions de vie des agriculteurs, nécessitent que plus de personnes travaillent dans ce domaine. Actuellement, il y a trop peu de gens actifs dans l'agriculture.

financer. Dès l'instant où il connaît le pourcentage de ses contributions qui est affecté à la recherche, il peut calculer la somme qui est à affecter à ce domaine par rapport à ses revenus. Il devrait alors être en mesure de choisir l'institut de recherche auquel il va attribuer ce montant. Par exemple, s'il est partisan des OGM, et que ceux-ci sont autorisés par la loi, il pourra choisir un institut faisant de la recherche dans ce domaine. Mais s'il ne veut pas que son argent serve cette « cause », il pourra l'orienter vers un institut de recherche agronomique travaillant dans le respect de la nature et de l'être humain.

Le principe général a donc été dégagé. En passant de l'imposition anonyme et non démocratique à la contribution décidée par lui-même, le citoyen serait amené à être plus conscient du chemin que parcourt la Monnaie de Contribution. Il deviendrait un acteur à part entière de la circulation de cette monnaie.

Nous avons ainsi mis en évidence les trois formes de monnaies. Pour qu'elles s'insèrent de façon saine dans la société, nous devons encore les considérer sous l'aspect du service public qu'elles devraient lui fournir.

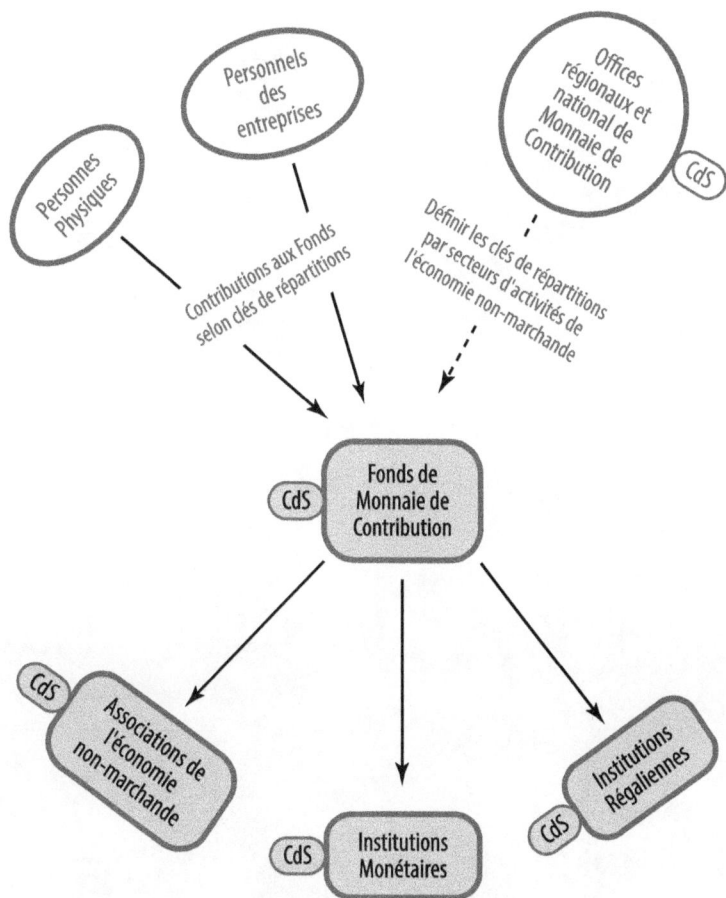

Personnes Physiques

Personnels des entreprises

Offices régionaux et national de Monnaie de Contribution — CdS

Contributions aux Fonds selon clés de répartitions

Définir les clés de répartitions par secteurs d'activités de l'économie non-marchande

CdS — Fonds de Monnaie de Contribution

CdS — Associations de l'économie non-marchande

CdS — Institutions Monétaires

Institutions Régaliennes — CdS

Circulation de la Monnaie de Contribution

- CdS = Conseil de surveillance, composé de représentants d'ONG, d'associations d'usagers et d'employés.

- Les Institutions Monétaires (IM) sont les Banques de Monnaie de Consommation, les Instituts de Financement et les Fonds de Monnaie de Contribution.

- Ce schéma est à mettre en rapport avec celui du Service Public de la société civile pour les Institutions Monétaires (se reporter à la fin du chapitre suivant).

- NB : Dans le carré central du schéma, il s'agit bien d'un pluriel. Les Fonds de Monnaie de Contribution sont une multiplicité d'organismes créés selon les besoins, à l'initiative des acteurs de la société civile.

Chapitre 23

Le service public de la monnaie

Le volume de la dette des États est devenu crise ouverte avec ce qui s'est passé en Irlande, au Portugal et en Grèce. Le problème a gagné d'autres pays de la zone euro et pourrait remettre en cause l'existence de celle-ci, malgré les « mesures non conventionnelles » prises par la BCE.

Face à cette situation, beaucoup s'interrogent sur ce qu'il convient de faire. Bien entendu, il y a les mesures prises par les instances officielles et qui sont des réponses à court terme. Elles visent à tenter de colmater les brèches. Peu d'observateurs croient en leur efficacité réelle. En tous cas, elles ne remettent pas en cause les fondamentaux du système et n'agissent pas au niveau des causes profondes. Dès lors de nouvelles difficultés sont à prévoir.

Avec l'enchaînement des crises, la réalité est en train de montrer les limites de la pensée unique, à condition de bien vouloir les observer. Plusieurs faits récents devraient nous interpeller et les économistes les plus avisés n'ont pas manqué de les relever.

Regardons, par exemple, les mesures prises par les pays de la zone euro pour « voler » au secours de la Grèce. Quel sens devons-nous donner au mot « voler » lorsque l'on voit que le taux d'intérêt des milliards mis à disposition de ce pays, par les États auxquels il est associé, s'est élevé à 5.5 %, avant de passer à 3.5 % dans le plan de juillet 2011 ?

Pourquoi ne pas alléger le service de la dette, déjà conséquent, en prêtant à 0 % ? Une telle mesure aurait un double effet. En plus de l'aide directe et très concrète apportée à ce pays, elle enverrait un signal fort aux financiers qui ne cessent de faire monter les taux d'intérêt dès qu'un État montre des signes de faiblesse dans sa capacité à rembourser, aggravant ainsi la situation.

Le message consisterait à dire : « Nous, pays de la zone euro, nous reprenons en main un pouvoir que nous vous avons abandonné, celui de la création monétaire. Nous allons créer la monnaie nécessaire pour nous sortir de la crise. Nous allons nous passer de vous qui nous conduisez à la ruine. »

Pour parler dans ce sens, plusieurs conditions devraient être réunies. Examinons-en quelques-unes. Il faudrait :

1.   Être prêt à se libérer de toute influence provenant des pouvoirs financiers, ce qui demande du courage. Mais n'est-ce pas un préalable dont tout découle ?

2. Affirmer une volonté de remettre en cause les idées reçues, celles qui constituent la doctrine économique en vigueur et qui visiblement fonctionnent de moins en moins.

3. Développer une capacité à penser de façon multiple et différenciée, notamment dans le domaine de la monnaie où se manifestent constamment trois dynamiques monétaires là où l'on n'en voit qu'une seule.

   La Monnaie de Consommation étant stable en elle-même, l'Euro ne serait alors pas soumis aux attaques spéculatives. Le pouvoir d'achat du consommateur ne fluctuerait pas au jour le jour.

   La Monnaie de Financement décrite ici rendrait inutile le recours aux investisseurs dont l'action se révèle destructrice.

   Enfin, en circulant dans l'économie non-marchande, la Monnaie de Contribution éviterait les politiques de rigueur qui aggravent le problème actuel et en font payer le prix aux couches les plus défavorisées de la population.

4. Remettre en cause l'un des fondamentaux de la BCE tel qu'il est énoncé dans l'article 104 du traité de Maastricht :

   « Il est interdit à la BCE et aux banques centrales des États membres, ci-après dénommées "banques centrales nationales", d'accorder des découverts ou tout autre type de crédit aux institutions ou organes de la Communauté, aux administrations centrales, aux autorités régionales ou locales, aux autres auto-

rités publiques, aux autres organismes ou entreprises publics des États membres ; l'acquisition directe, auprès d'eux, par la BCE ou les banques centrales nationales, des instruments de leur dette est également interdite. »[1]

Face à la situation de la Grèce et aux risques d'implosion de la zone euro, la BCE a fait une entorse à ces dispositions en achetant des bons du trésor grec. Mais le principe reste et il interdit à la BCE (et aux banques nationales qui en dépendent) de créer de la monnaie de cette façon. La BCE ne peut donc pas émettre des Euros en faveur des trésors publics.

Lorsqu'ils veulent emprunter, les États membres sont donc contraints de se tourner vers les marchés financiers privés, lesquels demandent des intérêts qui aggravent les déficits publics. Il n'est d'ailleurs pas rare qu'un État doive emprunter de nouveau pour payer ce que l'on appelle le service de la dette. La BCE et les États se sont donc privés de la possibilité de créer, sans intérêts, la monnaie dont ils avaient besoin. Ils l'ont abandonné aux banques de second rang.

Ce dernier point pose la question d'un service public de la monnaie. De nombreux économistes qui cherchent d'autres formes l'ont abordé en soulignant que les partis politiques sont, dans l'ensemble, muets sur ce sujet. En effet, il est surprenant qu'il soit absent à un tel point du débat public, sauf sous une forme plutôt lapidaire, lorsque certains réclament une sortie de l'Euroland pour revenir à une monnaie nationale. Il s'agit alors de faire

---

1. L'article 123 du traité de Lisbonne reprend quasiment mot pour mot l'article 104 de celui de Maastricht.

retour à une situation antérieure, avec la même conception de la monnaie, en oubliant que le système ne fonctionnait pas non plus.

D'ailleurs, comme le font remarquer Marie-Louise Duboin[1], André-Jacques Holbecq et Philippe Derudder[2], l'abandon du droit de création monétaire aux banques de second rang est antérieur à Maastricht et à la BCE. En France, cette mutation a été instaurée par Valéry Giscard d'Estaing, sous la présidence de Georges Pompidou, par la loi du 3 janvier 1973.

Bien entendu, il y avait des raisons à ce changement. Il s'agissait de rendre la Banque de France indépendante du pouvoir politique et du recours, trop commode, aux facilités budgétaires. Ces pratiques avaient pour effet de faire fonctionner la planche à billets. Notons que, dans la crise actuelle de l'endettement des États, ce palliatif est revenu à la mode, avec ce que l'on appelle le quantitative easing (QE) que pratiquent la Federal Reserve Bank aux USA et la BCE. Le terme anglophone donne une apparence de sérieux universitaire à ce qui a toujours été considéré comme une hérésie économique !

Pour l'orthodoxie monétaire, toute banque centrale se doit d'être indépendante de l'État. Il ne saurait donc exister un service public de la monnaie. Cette pensée a conduit à sa privatisation totale, en remettant le pouvoir de création monétaire aux seules banques privées. Une des conséquences de cette orientation est le problème de la dette insoutenable, d'abord des pays du tiers-monde puis, aujourd'hui, des pays occidentaux.

---

1. Marie-Louise Duboin, *Mais où va l'argent ?*, Éditions du Sextan
2. André-Jacques Holbecq et Philippe Derudder, *La dette publique, une affaire rentable*, Éditions Yves Michel. p. 23

Des observateurs critiques de cette approche sont de l'avis que les pays ne seraient pas endettés s'ils n'avaient pas d'intérêts à payer. Holbecq et Derudder ont calculé que le montant de la dette cumulée de la France, en 2006, était égal au total des intérêts sur les emprunts d'État payés par le pays entre 1979 et 2006. Ils en déduisent que si la Banque de France avait pu prêter au trésor public à taux zéro, la France n'aurait pas eu de dette en 2006. Autrement dit, la dette serait uniquement due au service de la dette. Tout se serait passé comme si la France n'avait emprunté que pour payer les intérêts de ses emprunts !!!

Ouvrons une parenthèse pour nous pencher sur la réalité de ces chiffres. Holbecq et Derudder ont fait leurs calculs en Euros constants de 2006. Ainsi la dette de 1979 est multipliée par 2.76, celle de 1980, par 2.43, etc. Le montant des intérêts payés s'en trouve donc considérablement augmenté par rapport à ce qui a été effectivement réglé, si l'on fait le calcul en Euros courants. Dans ce dernier cas, les intérêts cumulés payés par la France se montent à 888.50 milliards d'euros pour une dette de 1'142.20. Avec des emprunts à taux zéro, la dette s'élèverait quand même à 253.70 milliards, en 2006, soit le quart de ce qu'elle était à cette époque[1].

Certes, le calcul en Euro constant rend plus spectaculaire ce que l'on veut montrer. Mais il ne correspond pas à ce qui s'est passé au cours des années allant de 1979 à 2006. Ramener le montant des intérêts de 1979 à ce qu'il aurait été en 2006 est une extrapolation purement théorique qui introduit une erreur. Car les conditions économiques en début de la période considérée ne sont absolument pas comparables à celles de la fin.

---

1. Voir la comparaison des deux modes de calcul sur:
   http://www.democratieevolutive.fr/fr/interets-dette-france.html

Pour les besoins de leur démonstration, Holbecq et Derruder n'avaient pas besoin de pousser ainsi des chiffres qui sont suffisamment parlant lorsque l'on reste en Euros courants. Payer près de 890 milliards d'intérêts sur 30 ans est, en soi, un montant exorbitant.

En extrapolant le calcul pour les années 207 à 2013, nous arriverions à un montant cumulé d'intérêts payés par la France de 1'200 milliards d'Euros depuis 1979. Le montant total de la dette souveraine étant de 1'950 milliards en 2013, il apparait que, avec un taux d'intérêts nul, la dette de la France ne serait que de 750 milliards d'Euro, soit environ 37 % du PIB.

En réalité, ce chiffre serait certainement bien plus bas. Car ces 1'200 milliards, répartis sur 34 ans, représentent un potentiel d'investissents productifs conséquent et donc une augmentation des recettes de l'État par l'impôt, celles-ci venant diminuer la dette.

Refermons la parenthèse sur le mode de calcul et revenons à la question du pouvoir de création monétaire que l'État a abandonné à la finance privée.

Nous nous trouvons en présence de deux thèses opposées. L'une dit que l'État ne saurait avoir ce pouvoir, car il en ferait mauvais usage. L'autre montre que l'on a ainsi offert un privilège injustifié aux banques et investisseurs et qu'il faudrait ramener la monnaie dans le giron de l'État, en en faisant un service public.

Comme toujours, avec ce genre de question, dans les deux cas nous avons un sérieux problème. Nous pouvons débattre à l'infini pour savoir comment le résoudre, sans

jamais y parvenir. Car cette problématique n'a pas de solution tant que nous ne transformons pas notre conception de l'État et, plus précisément, du service public.

Nous portons en nous une image de l'État qui a un
centre de décision et une superstructure pour gérer
chaque domaine dont il s'occupe. Dans mes livres pré-
cédents, j'ai montré, à propos de l'éducation, que la
superstructure était non seulement inefficiente, mais
également nuisible à la cause même qu'elle prétend servir. Et que, pour s'en passer, il n'était nullement nécessaire de recourir à la sphère privée. Nous sortons du
« Charybde en Scylla » dès l'instant où nous confions à la
société civile la responsabilité de ce domaine. Nous pouvons procéder de la même façon pour la monnaie.

Considérons d'abord la notion de service public. De
même qu'il existe un réseau pour le téléphone ou l'élec-
tricité, de même la monnaie a besoin d'une infrastructure
pour permettre sa circulation. Il est dans l'intérêt général
que celle-ci fonctionne dans les meilleures conditions et
que chaque citoyen puisse y accéder, quel que soit son
niveau de vie.

De même que chacun a droit à un raccordement au réseau électrique ou à une délivrance de courrier, même s'il
habite dans un lieu isolé, de même chacun doit pouvoir
faire circuler son argent partout où c'est nécessaire, dans
le cadre légal.

Nous sommes donc en présence d'un besoin de service
public pour la circulation monétaire. Ce besoin est triple
puisque nous avons mis en évidence une triple circulation.

Les Banques de Monnaie de Consommation s'occupent de la première ; les Instituts de Financement, de la deuxième et les Fonds de Monnaie de Contribution de la troisième. Mais les principes de service public sont analogues pour les trois. Ils devraient être soumis aux conditions suivantes :

1.   Les institutions monétaires font partie du domaine de l'économie non-marchande et sont sans buts lucratifs.

2.   Les institutions monétaires ne peuvent profiter elles-mêmes des services qu'elles fournissent.

Ainsi une Banque de Monnaie de Consommation ne peut détenir un compte chez elle. Son propre compte, lui permettant de régler ses dépenses, se trouve dans une autre banque.

L'Institut de Financement ne peut s'octroyer un prêt. S'il a besoin de financer, par exemple, l'installation de bureaux, il s'adressera à un autre Institut de Financement, lequel examinera son dossier avec les mêmes critères que pour une entreprise.

Un Fond de Monnaie de Contribution ne peut s'attribuer à lui-même une partie des fonds qu'il collecte. Pour payer son fonctionnement, il s'adresse à un autre Fond de Monnaie de Contribution auprès duquel il doit justifier ses besoins comme tout autre organisme de l'économie non-marchande.

3.   Une institution monétaire ne peut être active que dans un seul domaine monétaire.

Ainsi une Banque de Monnaie de Consommation ne peut être également Institut de Financement ou Fond de Monnaie de Contribution, etc.

4.   Une institution monétaire ne peut détenir des parts d'une autre institution monétaire, quel que soit le domaine d'intervention de celle-ci.

5.   Les institutions monétaires sont principalement financées par des fonds publics, c'est-à-dire par de la Monnaie de Contribution.

6.   Pour les usagers, l'accès aux services de base des institutions monétaires est gratuit. Seuls les frais de prestations spécifiques sont facturés (par exemple, les commissions d'intervention, les frais de prélèvement automatique ou les assurances de perte ou de vol des moyens de paiements, etc.)

   Les Instituts de Financement ne prélèvent pas d'intérêts sur les prêts qu'ils accordent. Ils facturent des frais d'ouverture de dossiers pour un montant total ne dépassant pas 2 % du prêt demandé et des frais au moment de l'attribution du crédit, pour un montant total au plus égal à 3 % de celui-ci[1]. Ils facturent également des commissions d'interventions en cas de retard dans les remboursements.

   Les Fonds de Monnaie de Contribution facturent des commissions d'intervention lorsque, par exemple, une association ne fournit pas ses documents comptables dans les délais.

7.   Le budget d'une institution monétaire est plafonné à proportion de son volume d'activité. Les excédents éventuels sont reversés à un organisme collecteur

---

1. Ce montant total de 5 % est à comparer avec ceux dont nous avons parlé au chapitre *Le prêt sans intérêt,* lesquels atteignent 45 % à 216 % selon le taux et la durée du prêt.

public. Un Conseil National des Organisations d'Usagers de la Monnaie évalue, région, par région, les ratios permettant de déterminer le budget plafonné des institutions.

8.   La direction opérationnelle de chaque institution monétaire est soumise à l'autorité d'un conseil de surveillance, constituant un organe de l'institution. Il est composé de ceux qui sont porteurs de l'idée fondatrice, d'une part et, d'autre part, de membres d'organisations non gouvernementales d'usagers, ainsi que de celles qui sont actives sur les questions sociétales et environnementales.

Le conseil de surveillance nomme et révoque les dirigeants de l'institution.

9.   Dans chaque région, se constitue, pour chaque type d'institution monétaire, un Conseil de Coordination Monétaire. Il est formé de délégués de chaque institution et de délégués d'associations d'usagers et d'ONG.

Les buts de ce Conseil de Coordination sont :

▶   Observer les besoins de la région et chercher quelle institution pourra y répondre. Le conseil est chargé de veiller à ce que tous les besoins soient couverts.

▶   Former une commission chargée d'examiner et de juger les litiges et les plaintes d'usagers.

▶   Attribuer ou renouveler la licence d'exploitation de chaque institution monétaire.

10.   Chaque institution monétaire est soumise au contrôle d'un Institut d'Audit, indépendant et public. Celui-ci examine les comptes et le fonctionnement de l'institution monétaire. Il vérifie qu'ils sont conformes aux règles du service public et au cahier des charges dudit institut monétaire.

L'institut d'audit rédige un rapport annuel et des rapports mensuels intermédiaires, à l'attention de l'institution monétaire et du Conseil de Coordination Monétaire dont elle est membre. Le rapport peut contenir un avertissement et des recommandations pour des dysfonctionnements relevés. Il mentionne également des délais pour une remise en ordre.

En cas de non-respect de ces conditions ou de manquement grave de la part de l'institution monétaire, le Conseil de Coordination Monétaire peut lui retirer sa licence d'exploitation.

11.   Des personnes voulant créer une institution monétaire soumettent leur projet au Conseil de Coordination Monétaire de la région où ils veulent développer leur projet. Si celui-ci concerne un besoin non couvert ou propose une nouvelle façon de répondre à une prestation fournie par une institution monétaire existante, le Conseil lui accordera une licence provisoire d'exploitation pour une durée permettant au projet de faire la preuve de son utilité.

12.   Le Conseil accordera également, pendant la phase de démarrage, une dérogation permettant à l'institu-

tion en création de bénéficier d'argent public au-delà des ratios habituels[1].

13.   Chaque institution monétaire applique un système de qualité qui est reconnu par l'institut d'audit

14.   L'ensemble des dispositions qui précèdent fait partie intégrante du cahier des charges de chaque institution monétaire.

Par ces dispositions, nous avons jeté les bases d'un triple service public de la monnaie, administré par la société civile. Il est triple, car il permet la triple circulation monétaire. Il est public, car il est accessible à tous les citoyens et est au service de l'ensemble de la société. Il est administré par la société civile, car ce sont des organisations non gouvernementales qui veillent au respect des critères de service public auxquels les institutions monétaires doivent se conformer. Par le truchement des ONG, en particulier de celles qui représentent les usagers, les citoyens ont directement la possibilité de contrôler le fonctionnement de ces institutions et de proposer des améliorations.

Il n'est pas nécessaire de passer par des superstructures gouvernementales habituelles, lesquelles n'apportent rien que les ONG ne pourraient faire d'une façon plus directe.

On ne manquera pas de se dire qu'il y a là un démantèlement de l'État, d'une façon analogue à celle que souhaitent les partisans du libéralisme et de la privatisation. Il convient de bien examiner ce point.

---

1. Notons que le Conseil n'attribue pas des fonds à cette initiative. Il n'en a d'ailleurs pas les moyens, puisqu'il n'est pas lui-même une institution monétaire. Pour trouver le financement nécessaire à leur projet, ceux qui en sont les porteurs se tourneront vers un Institut de Financement, dans les conditions que nous avons décrites précédemment.

Il ne s'agit pas d'une privatisation. En réalité, dans le système actuel, la création monétaire est déjà privatisée. Il s'agit plutôt d'une réintégration de la monnaie dans la sphère publique qu'elle n'aurait jamais dû quitter.

Dans cette nouvelle organisation, l'État n'a pas disparu. Au contraire, il est bien présent. Mais pas sous la forme où on l'observe habituellement. Il en a revêtu une autre qui est citoyenne et non pas politique. Au lieu d'une superstructure gérée par le politique, nous avons une organisation citoyenne directement en prise avec le domaine concerné.

Mais alors, où est l'État ? Il est dans les règles qui président au fonctionnement des circulations monétaires et il est dans les moyens permettant de vérifier que ces règles sont bien respectées.

Ainsi, l'État est ramené à son véritable rôle qu'il quitte à chaque fois qu'il veut être joueur au lieu d'être arbitre.

Dans un sport collectif, les deux rôles sont bien différenciés. C'est une nécessité. Lorsque nous parlons de l'État, nous faisons une confusion si nous lui attribuons un double et même un triple rôle.

Nous disons que les trois pouvoirs de l'État sont le législatif, l'exécutif et le judiciaire. C'est là une confusion qui est à l'origine de bien des désordres que connaît le monde d'aujourd'hui.

L'État ne saurait avoir un rôle exécutif qu'au moment où il a à faire respecter les règles, c'est-à-dire les lois. Sur un terrain de sport, un arbitre ne joue aucun rôle actif, tant que le jeu se déroule selon les règles. Au moment où l'une d'elles n'est pas respectée, il intervient pour donner une pénalité, voire exclure un joueur. Il est la force de l'ordre sur le terrain. Si un joueur va plus loin qu'une simple faute et se livre, par exemple, à une agression violente sur un autre joueur, il commet alors un délit qui peut relever d'une juridiction. L'arbitre se contentera d'expulser le joueur. Mais c'est une commission spéciale de la fédération du sport concerné qui jugera l'affaire. Éventuellement, celle-ci pourra être portée devant un tribunal civil ou pénal.

En sport, on ne confond pas ces trois rôles. Il devrait en être de même dans la vie sociale. Je l'ai déjà montré pour l'éducation et nous venons de le voir pour ce qui concerne la monnaie.

Les personnes qui travailleraient, au quotidien, dans les institutions monétaires décrites, seraient ce que l'on pourrait appeler les « joueurs ». Les ONG et associations qui siègent dans les conseils de surveillance de ces institutions seraient les « arbitres ». Ils sont également présents dans les Conseils de Coordination Monétaire. La commission d'arbitrage de ces conseils correspond à la « commission de discipline », c'est-à-dire une forme de tribunal interne permettant les réajustements nécessaires, dans les cas de dysfonctionnements légers. Mais s'il y a délit, alors c'est le tribunal de commerce, voire le tribunal pénal qui doit être saisi.

Quant aux règles de fonctionnement des institutions monétaires publiques, celles qui répondraient aux quatorze principes que nous venons de décrire, elles devraient être adoptées selon les modalités que permet la constitution du pays.

Si ledit pays dispose d'une démocratie directe, comme c'est le cas, notamment, en Suisse, les citoyens pourront proposer une loi rendant possible cette nouvelle forme d'organisation monétaire. Dans la plupart des autres pays, il faudra en passer par les chambres, ce qui risque de reporter de telles réformes à des temps très éloignés.

C'est la raison pour laquelle la première de toutes les réformes qui permettrait une véritable démocratie est celle qui donnerait aux citoyens le double pouvoir de référendum et d'initiative populaire. Nous y reviendrons à la fin de cet ouvrage.

Nous venons de faire un pas de plus dans le domaine de *l'impensable*. Nous avons décrit une forme d'organisation monétaire qui est un service public d'un nouveau type, un service public de la société civile, laquelle peut alors incarner les trois pouvoirs – l'exécutif, le législatif et le judiciaire – sous une forme plus directe, davantage liée au terrain, à ses changements quotidiens.

Nous sommes partis des nécessités de la monnaie pour elle-même ; nous en avons déduit trois circulations réglées par trois types d'institutions différenciées et obéissant à des règles bien précises de service public ; nous avons montré comment l'État pouvait y être présent sous une forme non super structurale et non gouvernementale, par l'engagement d'organisations citoyennes ; au bout de ce processus, nous obtenons une nouvelle structure publique pour la monnaie qui a une forme mobile et évolutive permettant de répondre aux besoins de changement de la société.

Le service public qui se dessine ainsi[1] s'inscrit dans une nouvelle forme de démocratie que j'appelle la *Démocratie Évolutive.*

Mais il reste une question que nous devons prendre en compte. Nous avons débuté ce chapitre en faisant référence à ceux qui prônent également de ramener la monnaie dans le domaine du service public, mais qui l'envisagent dans une structure étatique centralisée et unitaire. Leur objectif est de ne pas aggraver le déficit public et de permettre que les dépenses de l'État aillent vers des besoins sociaux plutôt que vers les financiers prêteurs, sous forme d'intérêts. À l'arrière-plan de leur projet de réformes se trouve la question du budget de l'État et du trésor public.

Nous allons examiner comment nous pouvons considérer ces deux domaines, dans le cadre du service public de la monnaie que nous proposons.

---

1. Voir schéma page suivante.

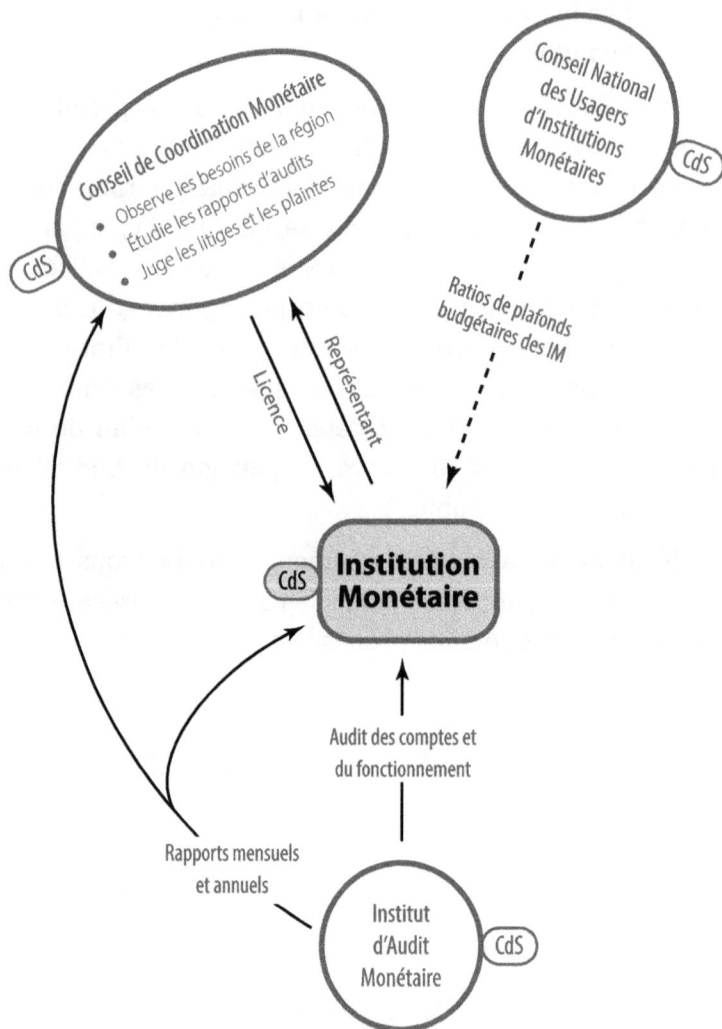

Conseil de Coordination Monétaire
- Observe les besoins de la région
- Étudie les rapports d'audits
- Juge les litiges et les plaintes

CdS

Conseil National des Usagers d'Institutions Monétaires

CdS

Licence

Représentant

Ratios de plafonds budgétaires des IM

CdS   **Institution Monétaire**

Audit des comptes et du fonctionnement

Rapports mensuels et annuels

Institut d'Audit Monétaire   CdS

Service Public de la société civile pour les Institutions Monétaires

- CdS = Conseil de surveillance, composé de représentants d'ONG, d'associations d'usagers et d'employés.
- L'Institution Monétaire (IM) est une Banque de Monnaie de Consommation, ou un Institut de Financement ou encore un Fond de Monnaie de Contribution.

Chapitre 24

Budget de l'État et Trésor Public

En 2013, les déficits cumulés des États de la zone Euro atteignent en moyenne 92 % de son PIB. La Grèce est à 160 %, les USA à 103 % et le Japon à 245 %. Ces déficits ne cessent de croître, malgré les règles de bonne gouvernance auxquelles les dirigeants voudraient s'astreindre.

Les États consacrent des sommes phénoménales au paiement des intérêts. Par exemple, en 2013, l'État français a déboursé 47 milliards d'Euros, soit 89 % de l'impôt sur les sociétés. Cette charge de la dette correspond à 2.23 % du PIB. Autrement dit, les 3 % de marge de déficit accordés par l'Union Européenne sont mangés, à 75 %, par le service de la dette.

La Grèce risque toujours d'être déclarée non solvable. D'autres pays de la zone euro pourraient bien suivre. L'État américain, lui-même, n'est pas passé loin de la cessation de paiement. Après une forte lutte entre républicains et démocrates, il a pu éviter cette humiliation ...

en rehaussant le plafond de la dette autorisée ! Autrement dit, la solution est repoussée à une date ultérieure.

Dans la zone euro, les traités imposent des règles strictes... que presque personne n'est en mesure de respecter. Les déficits budgétaires annuels ne sont pas dans la limite de 3 % du PIB et le déficit cumulé de la plupart des État a largement crevé le plafond de 60 % du PIB.

Pour se donner une image vertueuse, un président français a voulu faire inscrire, dans la Constitution et dans un nouveau traité européen, l'impératif d'un budget équilibré, alors que son gouvernement ne pouvait déjà pas se conformer aux règles de Maastricht.

Dans le même temps, certaines voix font valoir que ces critères sont trop stricts et qu'il faudrait les élargir, de façon à relancer l'économie pour engranger les rentrées fiscales qui en résulteraient et, ainsi, rembourser la dette. Il est aisé de faire alors remarquer que ces critères ont déjà largement volé en éclat, les gouvernements se chargeant de les porter à 7, 8, voire 10 % annuels. Les économies ne sont pourtant pas relancées et le déficit cumulé ne cesse de croître, sans que la croissance tant espérée soit au rendez-vous.

D'autres penseurs avisés prônent un relèvement des impôts, en particulier pour les plus riches. Cette idée est belle et socialement attrayante. Mais ces penseurs semblent négliger le fait que ce sont les personnes qu'ils veulent taxer davantage qui sont les créanciers des États et les investisseurs dans les entreprises. Augmenter les impôts risque de leur faire retirer leurs capitaux pour les placer dans un autre pays. L'économie que l'on croyait ainsi relancer stagnerait faute de financement.

Nous pouvons tourner la question dans tous les sens, nous ne trouverons pas de solution tant que nous resterons dans la même logique. Nous sommes face à un problème systémique que nous devrions aborder en tant que tel. Il ne suffit plus de modifier tel ou tel détail du mécanisme économique, d'actionner tel ou tel levier. Il s'agit de concevoir de nouvelles bases pour le système. L'impasse dans laquelle nous sommes et qui voit l'État le plus puissant du monde au bord de la cessation de paiement devrait nous inciter à changer de paradigmes, notamment dans le domaine de la démocratie et dans celui du capital. Dans le cadre de ce premier tome, nous nous limiterons à mentionner les grandes lignes de ce qui pourrait être transformé dans ces domaines.

Considérons d'abord la démocratie.

En premier lieu, nous pouvons nous interroger sur les services publics. Dans la conception habituelle de l'État unitaire, ils sont liés à la superstructure étatique. Nous avons montré comment, dans le domaine de la monnaie, nous pourrions nous tourner vers un service public organisé par la société civile. Je l'ai également imaginé dans le détail pour les Écoles de la Société Civile[1]. Cette forme pourrait être appliquée, avec les variations nécessaires, à tous les services publics non régaliens. Il en résulterait des structures légères et évolutives dont les coûts de fonctionnement seraient bien inférieurs à ceux de l'appareil d'État centralisé.

---

1. Voir *Démocratie Évolutive* et également le site http://www.demo-cratie-evolutive.fr/

Pour ce qui est des services régaliens tels que la police
et la défense, nous devons raisonner autrement. Pour ces
domaines, la charge globale n'est pas tant liée à la structure. Elle résulte d'autres facteurs.

Dans le cas de l'armée, il s'agit d'un choix de société.
Si nous sommes en démocratie, il appartient au peuple
d'en décider. La meilleure façon serait de lui demander
directement de se prononcer, par votation, sur le budget
de la défense. Dans le cas de la France, il serait intéressant de voir ce que dirait le peuple des interventions des
troupes françaises à l'étranger et quels moyens financiers
il est prêt à y consacrer.

Le budget de la police est à regarder autrement. Il serait bon également qu'il soit soumis au vote populaire. La
question deviendrait ainsi plus consciente. Mais le montant des dépenses de police n'est que le reflet de la situation du reste de la société. Pour qu'il diminue, il faudrait
agir ailleurs ; par exemple, là où le mal-être se développe.

Les dépenses de police (comme aussi, pour une certaine part, celles de la santé et celles de l'environnement)
sont des indicateurs de l'état global de la société. Lorsque
le peuple aura à se prononcer directement sur ce type de
budget, il pourra mieux s'interroger sur les causes de
l'augmentation des dépenses. Il pourra alors se demander
sur quels domaines il serait plus productif de porter ses
efforts.

Je ne prétends pas que la question soit simple et
qu'elle puisse se régler avec quelques phrases. En évoquant ces pistes de travail, je veux seulement attirer l'attention sur la nécessité d'une réflexion différenciée pour

chaque poste de budget de l'État. C'est en se basant sur la nature même de chaque service public que l'on devrait déterminer la validité du budget concerné, les conditions de sa diminution ou bien celles de son augmentation.

Abordons maintenant le deuxième aspect du budget de l'État. Nous avons dit qu'il était lié au capital. C'est par les chapitres consacrés à ce sujet, dans le tome 2, que nous pourrons nous en faire une idée plus précise. Contentons-nous ici de saisir le lien avec le déficit budgétaire.

Le fait que celui-ci soit chronique doit nous inciter à nous poser la question : n'avons-nous pas là une indication que les besoins sont plus grands que les possibilités de recettes et que la diminution des dépenses ne sera pas suffisante ?

Autrement dit, les pays n'orientent pas assez la Monnaie de Consommation vers l'économie non-marchande. Les surplus de cette monnaie vont vers l'investissement spéculatif où ils créent les désordres que l'on sait. Au lieu de devenir « potentiels d'oxygénation et de revitalisation », ces surplus prennent un caractère morbide. Du point de vue de la santé de l'économie, il est nécessaire que les excédents d'exploitation des entreprises de l'économie marchande deviennent Monnaie de Contribution.

Nous ne trouverons la force de résoudre cette question que lorsque nous verrons qu'il ne s'agit pas tant de justice sociale que de santé de l'économie. Nous constaterons alors que le montant d'argent public qui est consacré aux services publics, s'il peut diminuer sur certains postes, devrait augmenter sur d'autres.

Certes, il est nécessaire d'agir sur les dépenses dans le sens où nous l'avons indiqué plus haut. Mais il est tout aussi urgent d'agir sur les recettes de telle sorte que la société consacre plus de Monnaie de Contribution à l'économie non-marchande.

Se focaliser sur l'équilibre budgétaire, comme on le fait aujourd'hui, ne fait qu'aggraver le problème économique. Cet état d'esprit conduit à diminuer les dépenses là où elles devraient augmenter. Dans les plans imposés par le FMI et l'Union Européenne, ce sont les budgets de l'économie non-marchande qui sont compressés. Et ce sont les revenus des créanciers de ces pays qui s'accroissent avec l'augmentation du montant des prêts et des taux d'intérêt. C'est exactement le contraire de ce qu'il faudrait faire.

Mais ce n'est pas en augmentant les impôts et les taxes, à la façon classique, que l'on résoudra le problème. Car on n'aura pas fait diminuer la sphère spéculative. Taxer le capital n'est pas la solution. Il s'agit de le concevoir autrement, comme nous le verrons dans le tome 2.

La situation des budgets des États nous renvoie donc de vraies questions sociétales, à la fois sur l'économie et sur la démocratie. Il dépend de la société civile qu'elles soient abordées dans toutes leurs dimensions.

Si l'on comprend bien ce qui est dit ici, il apparaîtra que c'est à la société civile, aux ONG et associations d'usagers, qu'il appartient d'établir le budget de chaque service public, en collaboration avec les acteurs de ce domaine. Il ne s'agit pas d'ONG et d'associations actives dans plusieurs types d'activités. Elles ont à centrer leur action et à se spécialiser. Pour chaque service public, la législation doit prévoir les modes d'acceptations des budgets et les modes de recours.

Dans chaque cas, comme pour les entreprises, on distinguera les dépenses de fonctionnement courant et le financement d'immobilisations. Pour ces dernières, les services publics auront recours aux Instituts de Financement. Or ceux-ci ont un conseil de surveillance dans lequel siègent des ONG. Là encore, la société civile aura droit de regard.

Rappelons que celle-ci intervient déjà en amont, dans les Offices nationaux et régionaux de Monnaie de Contribution qui déterminent les clés de répartition, secteur par secteur, de l'ensemble de la Monnaie de Contribution. La société civile intervient ensuite dans le conseil de surveillance de chaque institution de service public, puis dans celui des Instituts de Financement. Elle a donc trois niveaux d'intervention.

Si l'on y ajoute la possibilité de votations populaires pour les clés de répartitions et les services publics régaliens, nous avons les bases d'une participation active du peuple et de la société civile. Cette intervention peut se faire en temps réel et secteur par secteur. Alors que, dans la démocratie représentative, le mandat est donné une fois pour plusieurs années et dans des termes généraux qui laissent aux gouvernements unitaires une latitude beaucoup trop grande.

Mentionnons encore une autre transformation qui découlera de celle que nous venons de voir. Dans sa forme actuelle, le Trésor Public n'aura plus lieu d'être. Cette entité impersonnelle est une sorte de fantôme qui laisse croire à une puissance infinie et permet tous les excès, surtout s'il s'agit d'un pays à fort PIB. On s'est imaginé qu'il ne pouvait faire faillite et qu'il était un emprunteur fiable. Depuis 2009, la réalité nous rattrape. Ni le Trésor Public des USA, ni celui du Japon, ni aucun de ceux des États de l'UE ne sont à l'abri d'un défaut de paiement temporaire ou d'une faillite.

Le Trésor Public émet des bons du Trésor d'autant plus recherchés par les investisseurs qu'ils ont la réputation d'être fiables. Si celle-ci baisse, les investisseurs font monter les taux d'intérêt de ces bons.

Les Trésors Publics sont donc devenus des sortes de vaches à lait. N'oublions pas que c'est le citoyen, par ses impôts et taxes, qui fournit le blé que mange la vache.

Dans le système que nous proposons, chaque service public gérera son budget. S'il s'agit d'un service public non régalien, comme les Écoles de la Société Civile ou les Banques de Monnaie de Consommation, chaque institution devra intéresser un Fond de Monnaie de Contribution à son projet et lui soumettre son budget de fonctionnement. Après adoption par le Fond, les montants alloués lui seront versés sur son Compte de Consommation Courante, dans une Banque de Monnaie de Consommation. Les Instituts d'audits vérifieront la conformité de l'utilisation de l'argent et en informeront les Fonds de Monnaie de Contribution.

Dans le cas, des services régaliens, des Fonds de Monnaie de Contribution, dédiés à cet effet, seront gérés par la société civile. Dans le principe de fonctionnement, il n'y aura pas de grandes différences.

Nous voyons ainsi la grande machine du Trésor Public être remplacée par une organisation plus souple, plus en phase avec la réalité du terrain et mieux contrôlée par le peuple.

Avec un tel fonctionnement, il ne sera plus possible d'arriver à un endettement des États au-delà du raisonnable. La quantité de Monnaie de Contribution sera plus importante. L'économie non-marchande aura donc les moyens nécessaires à son existence. Aucune institution ne pourra s'endetter pour les dépenses de fonctionnement. Seuls les financements pour des immobilisations pourront être fournis par les Instituts de Financement, selon les mêmes règles que pour les entreprises. Il n'y aura plus de grands emprunts d'État et d'émission de Bons du Trésor.

Les trois circulations monétaires que nous proposons permettent un financement équilibré des services publics, avec un engagement actif de la société civile pour veiller à la bonne utilisation de l'argent public.

À l'heure où l'on se plaint de la désaffection du citoyen pour la politique, ne devrait-on pas s'orienter vers des formes qui lui permettent de faire un exercice actif de cette citoyenneté ?

Chapitre 25

Un nouveau système monétaire international

Depuis les crises économiques qui ont éclaté en 2007, on entend des dirigeants politiques et des économistes réclamer une réforme du Système Monétaire International (SMI). On voudrait un nouveau Bretton Woods. Tout à coup, on semble se souvenir qu'il existe un Fonds Monétaire International et que, peut-être, il serait utile de lui redonner un rôle.

Beaucoup de phrases, un peu de gesticulations pour, finalement laisser les choses en l'état. Comment serait-il possible d'apporter un remède au chaos de l'économie mondiale si, pour parler dans le sens d'Einstein, nous voulons résoudre ces problèmes avec les modes de pensées qui les ont engendrés ?

Nous ne parviendrons pas à résoudre les crises actuelles et futures, si nous ne changeons pas notre conception de la monnaie. Car c'est celle-ci qui est à l'origine des désordres qui se manifestent dans l'économie. Un Système Monétaire International sain pourrait voir le jour s'il était fondé sur des bases entièrement différentes. C'est ce que nous allons examiner dans ce chapitre.

Depuis 1944, nous avons eu de nombreuses occasions de constater les dysfonctionnements du SMI. En réalité, un examen attentif montre que ce qui s'est mis en place à Bretton Woods n'a jamais fonctionné. La formation de cette tumeur cancéreuse que représentaient les eurodollars en a été la plus forte illustration. Or nous assistons à une sorte de réplique de ce scénario, sans que nous en tirions les véritables leçons.

Dans les années 60, la banque centrale allemande (la Bundesbank) absorbait une partie des déséquilibres en accumulant les dollars. Aujourd'hui, la banque centrale chinoise fait de même. Ses réserves de change en dollars s'élèvent à, environ, 3'450 milliards, soit 21 % du PIB des USA ou encore 450 % du déficit budgétaire US en 2013.

Selon les théories de l'orthodoxie monétaire, la banque centrale chinoise devrait présenter ces dollars à la Fed qui se trouverait bien en peine de les racheter. Ou bien la Chine les injecterait dans les marchés monétaires. Dans les deux cas, le dollar baisserait et le Yuan s'apprécierait de façon très sensible.

Au contraire, nous assistons à un maintien artificiel des parités entre les deux monnaies, par le fait que la banque centrale chinoise prête cet argent à l'État américain. Elle lui achète, en dollars, des obligations, c'est-à-dire des bons du Trésor.

Cet artifice a une double conséquence : premièrement, il permet à la Chine de maintenir une valeur basse de sa monnaie et, ainsi, de continuer à vendre ses produits au reste du monde, à des conditions très avantageuses pour elle. Le reste du monde paie le prix du recours à cet artifice sous forme de chômage induit par les délocalisations de productions en Chine.

La deuxième conséquence se manifeste aux USA. Sans cette source de financement de ses déficits budgétaires, le gouvernement américain serait amené à se poser les vraies questions qu'il évite depuis que ce pays est devenu une superpuissance. Ainsi, certains budgets devraient être revus à la baisse. Par exemple celui de la défense et tout ce qui permet le leadership géopolitique américain. Il n'est d'ailleurs pas impossible que la Chine, lorsque sa consommation intérieure se sera bien développée, décide de saper ce leadership en cessant d'acheter des bons du Trésor US.

La deuxième question qui est aussi contournée est celle de la pauvreté de plus de 40 millions d'Américains et celle du chômage dont une bonne part provient des délocalisations d'entreprises vers la Chine. Le manque à gagner sur les impôts directs et indirects (des particuliers et des entreprises délocalisées) engendrés par cette situation se répercute sur le budget de l'État.

Ceci conduit à la troisième question posée par cette situation monétaire. Si certaines dépenses budgétaires diminuent et si les recettes augmentent grâce à davantage de consommation et de production locale et que, malgré tout, un certain déficit persiste, il convient de s'interroger sur ce que deviennent les profits générés par l'économie marchande.

Cette question de fond est exclue du débat public par le fait que le système tient cahin-caha. Le jour où la Chine et le Japon retireront leur soutien artificiel au budget américain, cette question, comme les deux autres, deviendra incontournable. Ce sera alors tout le problème de la structure du capital et de l'actionnariat qui pourra être abordée sous un angle nouveau.

Ainsi, trois questions, trois défis sont là, à l'état latent, et ne peuvent se poser ouvertement en raison de ce contexte monétaire anormal. Remarquons que chacun de ces défis concerne l'une des formes de circulation monétaire que nous avons mises en évidence.

Le premier a affaire avec les besoins de financement de l'État américain. Selon ce que nous avons vu, il s'agit d'une question de Monnaie de Financement. Le deuxième défi concerne la parité entre les Monnaies de Consommation, comme nous allons le voir dans ce chapitre. Quant au troisième, il relève de la Monnaie de Contribution telle que nous l'avons décrite.

En définitive, ce que masque le lien anormal entre le Yuan et le dollar, c'est la nature de la triple circulation monétaire.

C'est donc en nous plaçant dans le contexte de ces trois monnaies que nous pourrons trouver les bases d'un Système Monétaire International qui permette le développement d'une *Économie à Valeurs Ajoutées Humaines*.

Examinons, sous cet angle, le problème des monnaies

chinoises et américaines. Supposons que ces deux pays aient réalisé la séparation entre Monnaie de Consommation et Monnaie de Financement. Une entreprise américaine, importatrice de produits *made in China*, réglera sa facture en dollars. Selon ce que nous avons vu au chapitre sur les balances des paiements, l'entreprise chinoise concernée disposera de droits à consommer exprimés en dollars. Elle les convertira en Yuan. La banque qui enregistrera cette opération annulera les dollars au moment où elle créditera, en Yuan, le compte de l'exportateur chinois[1].

S'il en est ainsi pour toutes les entreprises chinoises, la banque centrale de ce pays n'accumulera plus de réserves en dollars. La masse de dollars autonomisés que, par analogie, nous pourrions appeler des sinodollars n'aurait plus la possibilité de se former.

Nous l'avons vu, si nous considérons la monnaie comme un droit à consommer, il n'y a aucune justification à conserver les dollars qui ont été convertis en Yuan. Sinon, nous créons un doublon de droits à consommer, lequel agit de façon perturbatrice dans l'économie mondiale.

Dès lors que cette masse de sinodollars ne serait plus là pour maintenir artificiellement la parité des deux monnaies, qu'adviendrait-il de celle-ci ?

En Monnaie de Consommation, la parité est déterminée sur la base des prix des marchandises. On établirait donc une sorte de panier de la ménagère incluant tout ce qui est nécessaire pour vivre pendant un mois ou une année. Appelons-le *Panier de Consommation.*

---

1. Voir chapitre *La convertibilité des Monnaies de Consommation.*

Dans un but de simplification, supposons que, dans le système actuel, 1 Yuan vaille 1 \$[1]. Si le calcul du prix du Panier de Consommation chinoise montre qu'il vaut 1'000 Yuans et celui du consommateur Américain, 2'000 \$, le Yuan verrait sa valeur doublée par rapport au dollar, soit 1 Yuan = 2 \$.

Dès lors, les prix à l'exportation des marchandises chinoises doubleraient, devenant ainsi moins attractifs. En faisant leurs comptes, les entreprises américaines réaliseraient qu'il serait plus intéressant pour elles de relocaliser la production sur le sol américain. La Chine perdrait des débouchés commerciaux. Comment pourrait-elle éviter une dégradation radicale de ses exportations ?

Il lui faudrait s'attaquer aux causes du problème, en examinant pourquoi ses produits sont moins chers. Si cela tient aux salaires trop bas et aux dépenses pour l'environnement insuffisantes, les entreprises auront intérêt à intégrer des montants comparables à ceux des États-Unis.

L'augmentation des salaires et des budgets environnementaux aura pour conséquence de renchérir le Panier de Consommation chinois et de le rapprocher de celui des USA. Ce faisant, le taux de conversion entre les deux monnaies reviendra à ce qu'il était initialement, avant le changement de système. Mais avec une différence essentielle : dans les deux pays, le prix des marchandises sera comparable.

Seront-ils identiques ? Quels facteurs permettront une différence ?

---

2. En réalité, au cours actuel, 1 Yuan vaut à peu près 0.16 \$. L'artifice utilisé ici permet de comprendre plus directement le principe exposé.

À salaires égaux, prestations sociales similaires, conditions de travail équivalentes et dépenses environnementales identiques, les écarts de prix proviendront de deux sources : la productivité de chacun, c'est-à-dire les capacités développées pour améliorer la production ou l'organisation, d'une part. Dans ce cas, à qualité égale, la créativité deviendra un facteur essentiel dans la différence de prix des produits. D'autre part, un autre facteur interviendra : celui des conditions offertes par la nature (climat, sol, minerais, pétrole, etc.)[1].

Dans la détermination du Panier de Consommation, il conviendra d'intégrer ces paramètres. Les prix des biens et des services seront pondérés en fonction de la productivité et des ressources naturelles. Sinon, les produits qui seraient meilleur marché en raison de ces éléments viendraient pousser la monnaie à la hausse et donc pénaliser, à l'exportation, les créateurs de ces produits.

L'exemple de la Chine et des USA montre que l'adoption de la Monnaie de Consommation dans un nouveau Système Monétaire International permettrait de baser la parité des monnaies sur l'économie réelle, tout en poussant les pays à des politiques salariales, sociales, fiscales et environnementales comparables.

Pour être plus complet sur ce point, considérons un autre exemple.

Prenons un pays peu développé au niveau du secteur secondaire et ayant un faible niveau de vie. En comparant les Paniers de Consommation de ce pays avec, à l'identique, celui d'Amérique, nous obtiendrons peut-être, un

---

1. Voir note d, en fin d'ouvrage.

rapport de 100 à 1. C'est-à-dire qu'il faudra payer 100 unités monétaires de ce pays, là où un dollar suffirait aux USA. Peut-être que, dans ce pays, les produits agricoles seront bon marché. Mais les produits industriels (TV, ordinateur, voiture, habillement, etc.) y seront hors de prix. Dans ce cas, ce pays pourra exporter ses produits à un prix avantageux pour lui. L'argent qu'il en retirera lui permettra d'augmenter les salaires et d'intégrer les autres facteurs que nous avons mentionnés. Par touches successives, le niveau des prix se rapprochera de celui des pays les plus développés, économiquement. Par conséquent, les parités des monnaies se rapprocheront également. Comme les salaires seront devenus comparables, les habitants du pays auront, progressivement, un pouvoir d'achat leur permettant d'acquérir les produits industriels.

Nous voyons donc que la Monnaie de Consommation conduirait à une amélioration des conditions sociales et environnementales des pays qui l'adopteraient.

Le lecteur constatera que je n'ai pas eu recours à un discours moral sur le partage de la richesse avec les pays du tiers-monde. Je préfère rester dans l'économie ; partir d'elle, pour trouver les conditions monétaires qui éviteraient une dégradation croissante de la situation des pays pauvres.

En procédant ainsi, nous arrivons à une inversion de la façon de déterminer la parité des monnaies.

Ainsi celui qui joue avec les coûts salariaux, sociaux et environnementaux se trouve pénalisé à l'exportation. Le système de la Monnaie de Consommation est tel que ce pays aura avantage à se rapprocher des conditions pratiquées par les pays avec lesquels il commerce.

Parmi ceux qui réclament un nouveau Bretton Woods, il en est qui veulent exhumer le plan que Keynes avait proposé à l'époque. Il y avait là une idée nouvelle et intéressante.

Keynes considérait que l'économie ne pouvait être saine que s'il y avait équilibre entre les pays. Le déséquilibre entre les balances des paiements est source de dysfonctionnements de l'économie.

Le plan américain, celui qui fut finalement adopté, demandait aux pays déficitaires de porter tout le poids du rééquilibrage. Keynes proposait que les pays excédentaires fassent aussi une partie du chemin. Pour y parvenir, il voulait instaurer une chambre de compensation (clearing union) qui réglerait les différences entre les balances, au moyen d'une monnaie dédiée et ne circulant qu'entre les banques centrales. Il s'agissait du Bancor. Un ensemble de mesures s'appliquait aux pays déficitaires et excédentaires pour parvenir à l'équilibre.

L'idée que l'économie est saine quand les pays parviennent à un point d'équilibre entre eux, cette idée était révolutionnaire. Elle sous-entendait que la domination d'un pays sur le reste du monde était antiéconomique.

Le problème est que Keynes localisait cet équilibre sur les balances des paiements, en particulier sur leur partie commerciale. Il a appliqué cette notion au mauvais endroit. Contraindre les pays à l'équilibre des échanges de biens et de services ne correspond pas à la vie. La réalité montrera toujours qu'il s'agit d'une mission impossible.

Le besoin d'équilibre est inhérent à l'économie international. Mais il se situe au niveau de la détermination du prix lorsque celui-ci inclut l'ensemble des coûts, en particulier les conditions sociales et environnementales.

Pour le dire autrement, la parité des monnaies ne doit pas être déterminée par les différences des volumes des échanges entre les pays, mais par une comparaison des prix, à prestations sociales et environnementales égales.

Le Bancor de Keynes n'aurait pas permis l'équilibre dont il rêvait. Ce néologisme était construit avec le mot *or*, montrant ainsi que l'on restait dans la conception d'une monnaie-marchandise.

La Monnaie de Consommation permettra une équilibration dynamique de l'économie autour d'un pivot qui sera le prix des biens et des services.

Chapitre 26

Monnaie de Financement dans le Système Monétaire International pour l'Économie Réelle

Regardons maintenant ce qu'il en est de la Monnaie de Financement, dans le cadre d'un Système Monétaire International pour l'Économie Réelle.

Comme nous l'avons vu au chapitre sur les balances des paiements, l'un des grands problèmes du SMI actuel est que l'on ne fait pas la distinction entre Monnaie de Consommation et Monnaie de Financement, ce qui se traduit par l'amalgame que l'on appelle balances des paiements, dans lesquelles se trouvent la balance des transactions courantes et celle des transactions financières.

Cette confusion comptable reflète ce qui se passe dans la réalité et permet toutes sortes de « cuisines » sur la monnaie. Ainsi les États-Unis ont souvent fait remonter le dollar en augmentant le taux de base de la Fed. Cette mesure permettait d'attirer les capitaux, ce qui se traduisait par un excédent de la balance financière, lequel compensait, partiellement, le déficit de la balance commerciale.

Avec la Monnaie de Financement, la question se poserait tout autrement. Les transactions financières qui sont enregistrées dans les balances des paiements sont principalement de deux sortes : celles qui sont à court terme et les autres, à long terme, c'est-à-dire à plus d'un an. La plupart des transactions à court terme ont un caractère spéculatif et agissent de façon nuisible sur l'économie. Toutes les mesures que nous préconisons ici visent à rendre ces capitaux inopérants et donc, à terme, à les faire disparaître du paysage économique.

Une bonne part des transactions internationales à long terme correspond à des investissements dans l'économie réelle, soit par des obligations d'État, soit pour la constitution ou l'augmentation de capital d'entreprises.

Pour ce qui concerne les obligations d'État, nous avons vu, au chapitre Budget de l'État et Trésor Public, que les besoins de l'État en financement d'investissements pouvaient être couverts par les Instituts de Financement. L'État se trouve alors sur le même plan qu'une entreprise. Il a à constituer un dossier pour chaque projet. C'est sur la valeur de ce dossier que l'Institut de Financement prend la décision d'accorder ou non le prêt demandé.

Ainsi, tout recours aux capitaux étrangers, pour le financement du budget de l'État, ne présente plus de nécessités.

Naturellement, cette méthode demande une grande rigueur de gestion de la part des Instituts de Financement et donc des moyens de contrôle de cette rigueur, au niveau national et international. Nous y reviendrons.

Si l'on comprend bien le mode de fonctionnement de ces Instituts de Financement, alors il devient clair que l'argent nécessaire à la constitution et au développement des entreprises est fourni par eux, sans qu'il y ait un problème de manque de capitaux. Si un projet est jugé viable et socialement utile, par un tel institut, l'entreprise ou le service public qui le porte trouvera, sans difficulté, le financement nécessaire. Cet Institut se situant dans le pays de l'entreprise, celle-ci n'aura pas à faire appel à des capitaux étrangers.

Nous voyons alors apparaître une caractéristique essentielle d'un Système Monétaire International pour l'Économie Réelle : les transactions financières internationales n'y ont pas leur place. Elles y deviennent inutiles, puisque, dans chaque pays, existeraient des organismes autorisés à créer la Monnaie de Financement nécessaire aux entreprises et aux particuliers.

En procédant ainsi, nous supprimerions le levier qui donne tant de pouvoir aux détenteurs de capitaux et qui leur permet d'asservir l'humanité aux besoins de rendements de leur argent.

Dans un Système Monétaire International pour l'Économie Réelle, les transactions financières internationales de capitaux n'existeraient pas. Elles seraient interdites. Ce serait l'un des passages obligés qui permettrait une nouvelle santé de l'économie.

Bien entendu se pose la question des filiales d'entreprises à l'étranger, en particulier celles des grands groupes internationaux. Qu'adviendrait-il d'une entreprise située dans un pays et qui voudrait s'implanter dans un autre ? Comment financerait-elle cette filiale ? Ceci soulève la question du capital et nous l'aborderons plus en détail dans les chapitres qui y seront consacrés, au tome 2.

Mais nous pouvons déjà dire que la « maison mère » trouverait sur place les fonds nécessaires auprès des Instituts de Financement existants localement. Elle n'aurait plus besoin de transférer des capitaux depuis son siège social vers la filiale. Comme l'argent ainsi mis à disposition aurait la forme d'un prêt sans intérêt, ce financement serait tout aussi avantageux que celui qu'elle pourrait elle-même fournir. La filiale, quant à elle, serait d'emblée insérée dans le tissu économique local.

En définitive, dans le Système Monétaire International à Valeurs Ajoutées Humaines, seule circulerait entre les pays la Monnaie de Consommation. Et encore, serait-elle immédiatement annulée au moment du change.

Mais qu'en est-il alors de la Monnaie de Contribution ?

Chapitre 27

Monnaie de Contribution dans le Système Monétaire International pour l'Économie Réelle

La crise des *subprimes*, par les effets dévastateurs qu'elle a eus sur l'ensemble de l'économie, a provoqué une prise de conscience du problème de la finance spéculative. Les sommes faramineuses que celle-ci brasse apparaissent maintenant comme choquantes si on les compare aux besoins de survie des populations, non seulement dans les pays pauvres, mais aussi dans ceux que l'on dit développés.

Parmi ceux qui ont amassé de grandes fortunes, notamment grâce à la spéculation, il en est qui ont alors senti que quelque chose devait changer.

Georges Soros avait déjà, depuis quelques années, fait un pas dans ce sens en créant des fondations à buts non lucratifs, sociaux et humanitaires. Lui qui avait déclaré « *Il y a quelque chose d'indécent à gagner tant d'argent avec de l'argent.* », a orienté, vers ses fondations, une part de ce que ses fonds d'investissement rapportent. D'autres grands financiers se sont réveillés avec le choc des *subprimes.* C'est, par exemple, le cas de Warren Buffet et Bill Gates qui ont lancé un appel aux grandes fortunes des États-Unis pour qu'elles fassent don, au travers de fondations, de la moitié de ce qu'elles possèdent.

Si l'on est attentif aux événements, on remarquera qu'une tendance à promouvoir le don se dessine de plus en plus, également au niveau politique. D'ici peu, la généralisation d'un système de fondations philanthropiques, au niveau international, deviendra un « must » du politiquement correct.

Nous avons là une manifestation déformée d'un besoin sociétal profond qui correspond à la Monnaie de Contribution. Ce type de fondations philanthropiques n'en est qu'une forme caricaturale ; peut-être une soupape de la bonne conscience qui permet au système de perdurer. Car elles n'apportent pas de changements fondamentaux de celui-ci. La spéculation reste au cœur de l'économie. Seule l'orientation des plus-values est partiellement modifiée.

La Monnaie de Contribution telle que nous l'avons décrite est d'une tout autre nature. Elle n'est pas un appendice, mais une partie constitutive, une sorte d'organe de l'économie. De même que nous ne pourrions pas dire que le foie est là comme un organe annexe qui vient soulager le reste de l'organisme, de même nous ne pouvons considérer le don comme un plus destiné à soulager la misère humaine.

En intégrant le don sous la forme de la Monnaie de Contribution, nous avons un véritable organe nécessaire à la santé de l'économie et de la société civile. Car cette circulation monétaire permet que les surplus générés par l'économie marchande soient dirigés vers l'économie réelle, par le biais de l'économie non-marchande, au lieu d'aller dans la sphère spéculative.

Si l'on mesure la nécessité vitale de cette troisième forme monétaire, alors on en conclura qu'elle devrait être partie intégrante d'un Système Monétaire International pour une Économie à Valeurs Ajoutées Humaines. Une telle monnaie en serait la clé de voûte. Elle aura une action inverse de celle de la Banque Mondiale et du Fonds Monétaire International.

Quelle est la méthode de ces deux institutions ? Pour rééquilibrer les balances des paiements des pays chroniquement déficitaires et au bord de la faillite, elles n'ont qu'un seul remède, mais qui est de choc. Il consiste, d'une part, à orienter les ressources naturelles vers l'exportation, au détriment de l'économie locale et des besoins de la population ; l'autre volet des mesures consiste en la compression des dépenses sociales, principalement celles de santé et d'éducation. Le résultat est régulièrement le même : appauvrissement des populations et endettement dramatique du pays.

Jointe aux deux autres monnaies, la Monnaie de Contribution aurait un effet diamétralement opposé. Elle permettrait un financement de l'économie non-marchande, laquelle, par la consommation de biens et de services marchands, dynamiserait l'ensemble de l'économie. Au lieu des cures d'amaigrissement prônées par le FMI et la BM, qui laissent exsangues les populations les plus défavorisées, nous assisterions à une consolidation de l'économie interne de chaque pays qui leur permettrait de grandir peu à peu, selon la méthode de rapprochement des prix, avec ceux des autres pays, telle que nous l'avons décrite plus haut[1].

Aujourd'hui, il est devenu évident, pour tout le monde, que le Système Monétaire International ne fonctionne plus. Il prend l'eau de toutes parts. Les gouvernements croient pouvoir en boucher les fissures et voies d'eau. Mais ce colmatage ressemble à un bricolage. Il procède d'aménagements de ce qui existe et non d'une approche fondamentalement nouvelle de la situation.

Ainsi en est-il des projets d'harmonisations fiscales. Pour certains gouvernements, la disparité, entre les pays, concernant les impôts sur les capitaux et les bénéfices des entreprises est source de problèmes monétaires. Ils prônent donc une uniformisation des règles sur les impôts. Plusieurs pays de l'Union Européenne la réclament. On souhaiterait même l'établir au niveau mondial.

Quelles sont les chances de parvenir à un tel accord ? Elles sont pratiquement nulles tant que l'on ne s'attelle pas aux véritables causes. La disparité fiscale est une conséquence et non une cause. Elle découle du fait que le besoin en financement, pour les entreprises et les États sont couverts par de l'argent accumulé. Dès lors, chaque pays voit ses propres intérêts et prend des mesures qui attirent ces capitaux.

---

1. Voir chapitre *Un nouveau système monétaire international*.

Avec la Monnaie de Financement qui est basée sur la production future et non sur l'accumulation passée, nous agissons sur la cause du problème. Les pays n'ont plus besoin d'attirer les capitaux. Les Instituts de Financement peuvent créer la monnaie nécessaire en fonction des potentiels de développement des entreprises. Il s'ensuit que la nécessité d'une harmonisation fiscale, sous la forme où elle est généralement conçue, n'a tout simplement plus lieu d'être. Par contre, une autre forme d'harmonisation devient nécessaire.

Dès l'instant où l'impôt deviendrait contribution consciente, dès que les citoyens pourraient en faire l'expérience, alors se poserait la question du lien entre la Monnaie de Contribution et la formation des prix.

C'est à partir des besoins de l'économie non-marchande que se détermine le montant des contributions. Comme celui-ci est lié aux dépenses faites lors de l'achat de biens et de service, il s'ensuit qu'il est en relation directe avec les prix de ceux-ci. Pour le dire autrement, au moment de la détermination du prix d'un bien ou d'un service, l'on devrait calculer les coûts directs, ainsi que l'ensemble des charges indirectes que sont les routes, les transports, l'éducation, la santé, l'environnement, le maintien de l'ordre public, etc. ; bref, tout ce qui touche à l'économie non-marchande devrait intervenir dans la formation du prix conçue comme une concertation entre les partenaires que sont les producteurs, les distributeurs et les consommateurs.

Or dans le Système Monétaire International pour l'Économie Réelle dont nous parlons, les taux de changes entre les monnaies sont déterminés par les prix des biens et des services, comme nous l'avons vu. Il ne s'agit pas de prix bruts, mais d'une comparaison qui tient compte des richesses naturelles et de la productivité. Le calcul du taux de change intégrerait ces facteurs. Ainsi des prix différents, s'ils sont dus à ces facteurs, pourraient néanmoins conduire à un rapprochement des taux de changes.

Un troisième élément devrait également être intégré dans ce calcul, celui de la Monnaie de Contribution. Si, pour des raisons particulières, un pays devait faire un effort considérable pour développer un domaine du tiers-secteur, les prix des marchandises en seraient affectés. Supposons qu'un pays soit touché par une épidémie, il serait nécessaire d'augmenter le volume de droits à consommer consacré à la santé, ce qui, selon ce que nous venons de voir, aurait un impact sur les prix.

En Monnaie de Consommation, cette augmentation des prix conduirait à une baisse de la monnaie, par rapport aux autres. Si le pays a besoin d'importer des médicaments et du matériel sanitaire, il se trouverait pénalisé à cause des efforts qu'il fournirait pour la santé de sa population. Le calcul du taux de change devrait donc intégrer cet effort exceptionnel au niveau de la Monnaie de Contribution, de façon que le pays ne soit pas pénalisé.

Inversement, supposons qu'un pays, pour favoriser ses exportations, cherche à réduire les contributions au tiers-secteur (santé, éducation, culture, etc.) de façon à baisser les prix. La détermination du taux de change de sa monnaie devrait en tenir compte, comme pour les conditions de travail et les salaires.

Nous avons là un exemple qui montre comment la détermination de la parité des monnaies devrait inclure également tout ce qui se passe avec la Monnaie de Contribution. Ainsi, il ne s'agirait pas de parvenir à une égalité des taux de prélèvement fiscaux ou des taux de TVA. Car on agirait de façon biaisée sur ce que sont, en réalité, ces taxes : de la Monnaie de Contribution qui n'est pas considérée en tant que telle. Avec ce que nous proposons, il s'agit donc de parvenir à une prise en compte de la vie économique réelle de chaque région et pays.

De cette façon, ce qui se passe au niveau économique et social agira sur la parité des monnaies, au lieu que la spéculation provoquée par les capitaux flottants exerce une pression insupportable sur les êtres humains.

Chapitre 28

Le Système Monétaire International pour l'Économie Réelle dans les grandes lignes

Résumons les grandes lignes de ce que serait un Système Monétaire International pour l'Économie Réelle (SMIER) :

A. Principes généraux

A.1. Le SMIER a pour but de développer une Économie à Valeurs Ajoutées Humaines, c'est-à-dire une économie basée sur la production, la distribution et la consommation de biens et services réels. Sa mise en place a donc pour objectifs de se doter d'outils monétaires rendant inopérantes les opérations spéculatives et l'économie virtuelle.

A.2. Les outils monétaires du SMIER permettent une triple circulation monétaire : Monnaie de Consommation, Monnaie de Financement, Monnaie de Contribution.

A.3. Les trois monnaies sont un service public de la so-
      ciété civile favorisant l'économie réelle.

A.4. Les pays membres du SMIER organisent les trois
      monnaies selon les principes de service public de la
      société civile et les dispositions nationales et inter-
      nationales ci-dessous.

B. Principes de services publics de la société civile

B.1. Les institutions monétaires font partie du domaine
      de l'économie non-marchande et sont sans buts lu-
      cratifs.

B.2. Les institutions monétaires ne peuvent profiter
      elles-mêmes des services qu'elles fournissent.

Ainsi une Banque de Monnaie de Consommation ne
peut détenir un compte chez elle. Son propre
compte, lui permettant de régler ses dépenses, se
trouve dans une autre banque.

L'Institut de Financement ne peut s'octroyer un
prêt. S'il a besoin de financer, par exemple, la construction de bureaux, il s'adressera à un autre
Institut de Financement, lequel examinera son dossier avec les mêmes critères que pour une entreprise.

Un Fond de Monnaie de Contribution ne peut s'attribuer à lui-même une partie des fonds qu'il collecte. Pour payer son fonctionnement, il s'adresse à
un autre Fond de Monnaie de Contribution auprès
duquel il doit justifier ses besoins comme tout autre
organisme de l'économie non-marchande.

B.3. Une institution monétaire ne peut être active que dans un seul domaine monétaire.

Ainsi une Banque de Monnaie de Consommation ne peut être également Institut de Financement ou Fond de Monnaie de Contribution, etc.

B.4. Une institution monétaire ne peut détenir des parts d'une autre institution monétaire, quel que soit le domaine d'intervention de celle-ci.

B.5. Les ressources des institutions monétaires sont les dotations en fonds publics, c'est-à-dire en Monnaie de Contribution et les frais proportionnels aux opérations selon les règles convenues entre les établissements et les associations d'usagers.

Pour les usagers, l'accès aux services de base des institutions monétaires est gratuit.

B.6. Le budget d'une institution monétaire est plafonné à proportion de son volume d'activité. Les excédents éventuels sont reversés à un organisme collecteur public (Fond de Monnaie de Contribution). Un Conseil National des Organisations d'Usagers évalue, région par région, les ratios permettant de déterminer le budget plafonné des institutions.

B.7. La direction opérationnelle de chaque institution monétaire est soumise à l'autorité d'un conseil de surveillance, constituant un organe de l'institution. Il est composé de ceux qui sont porteurs de l'idée fondatrice, d'une part et, d'autre part, de membres d'organisations non gouvernementales d'usagers, ainsi que de celles qui sont actives sur les questions sociétales et environnementales.

Le conseil de surveillance nomme et révoque les dirigeants de l'institution.

B.8.   Dans chaque région se constitue, pour chaque type d'institution monétaire, un Conseil de Coordination Monétaire. Il est formé de délégués de chaque institution et de délégués d'associations d'usagers et d'ONG.

Les buts de ce Conseil de Coordination sont :

▶ Observer les besoins de la région et chercher quelle institution pourrait y répondre. Le conseil est chargé de veiller à ce que tous les besoins soient couverts.

▶ Former une commission chargée d'examiner et de juger les litiges et les plaintes d'usagers.

▶ Attribuer ou renouveler la licence d'exploitation de chaque institution monétaire.

B.9.   Chaque institution monétaire est soumise au contrôle d'un Institut d'Audit Monétaire, indépendant et public. Celui-ci examine les comptes et le fonctionnement de l'institution monétaire. Il vérifie qu'ils sont conformes aux règles du service public et au cahier des charges dudit institut monétaire.

L'institut d'Audit Monétaire rédige un rapport annuel et des rapports mensuels intermédiaires, à l'attention de l'institution monétaire et du Conseil de Coordination Monétaire dont elle est membre. Le rapport peut contenir un avertissement et des recommandations pour des dysfonctionnements relevés. Il mentionne également des délais pour une remise en ordre.

En cas de non-respect de ces conditions ou de manquement grave de la part de l'institution monétaire, le Conseil de Coordination Monétaire peut lui retirer sa licence d'exploitation.

B.10. Des personnes voulant créer une institution monétaire soumettent leur projet au Conseil de Coordination Monétaire de la région où ils veulent développer leur projet. Si celui-ci concerne un besoin non couvert ou propose une nouvelle façon de répondre à une prestation fournie par une institution monétaire existante, le Conseil lui accordera une licence provisoire d'exploitation pour une durée permettant au projet de faire preuve de son utilité.

B.11. Le Conseil accordera également, pendant la phase de démarrage, une dérogation permettant à l'institution en création de bénéficier d'argent public au-delà des ratios habituels.

B.12. Chaque institution monétaire applique un système de qualité qui est reconnu par l'institut d'audit

B.13. L'ensemble des dispositions qui précèdent fait partie intégrante du cahier des charges de chaque institution monétaire.

C. Dispositions nationales

C.1. La Monnaie de Consommation

La Monnaie de Consommation est celle qui sert pour les échanges de biens et services entre fournisseurs, producteurs, distributeurs et consommateurs.

La Monnaie de Consommation est une unité de compte qui traduit un droit à consommer.

Les organismes de surveillance monétaire prennent toutes les mesures nécessaires pour qu'elle ne tende pas à s'accumuler en un endroit du circuit monétaire.

C.1.1 La Monnaie de Consommation circule principalement sous forme scripturale, par virements, carte bancaire, portemonnaie électronique, éventuellement chèque, etc.

C.1.2 Les Banques de Monnaie de Consommation sont des institutions sans buts lucratifs qui gèrent les dépôts, les virements et les retraits de Monnaie de Consommation.

C.1.3 Les Banques de Monnaie de Consommation tiennent deux types de comptes pour les déposants : les Comptes de Consommation Courante et les Comptes de Consommation Différée.

C.1.4 Les virements entre déposants ne peuvent se faire qu'entre Comptes de Consommation Courante.

C.1.5   Chaque Compte de Consommation Courante est clôturé le 31 décembre de chaque année. Un solde de trésorerie correspondant au 1/12e du total annuel des entrées pourra être conservé sur le compte. Le reste est viré vers le Compte de Consommation Différée du déposant.

C.1.6   À partir d'un Compte de Consommation Différée, un déposant peut faire un virement vers un Institut de Financement ou vers son propre Compte de Consommation Courante. Dans ce dernier cas, il subit une décote de 10 % de la valeur du virement.

C.1.7   L'argent qui reste sur un Compte de Consommation Différée perd, chaque année au 31 décembre, 10 % de sa valeur.

C.1.8   Les décotes mentionnées aux paragraphes C.1.6 et C.1.7 sont virées par la Banque de Monnaie de Consommation vers des Fonds de Monnaie de Contribution choisis par le déposant ou, à défaut, par la banque elle-même.

C.1.9   L'argent qui est viré depuis un Compte de Consommation Différée vers un Institut de Financement, aux fins de permettre le financement d'entreprises, ne subit pas de décote de sa valeur, pendant toute la durée du prêt. Lorsqu'il revient sur le Compte de Consommation Différée de départ, les règles de décotes mentionnées aux paragraphes C.1.6 et C.1.7 s'appliquent.

C.2. L'Institut de Monnaie Espèces

C.2.1   Chaque pays membre du SMIER a un Institut de Monnaie Espèces chargé de mettre à la disposition des banques les pièces et les billets nécessaires à la circulation de la Monnaie de Consommation.

C.2.2   Chaque Banque de Monnaie de Consommation a un compte, auprès l'Institut de Monnaie Espèces. Celui-ci l'approvisionne en pièces et en billets en échange d'un virement, du même montant, en monnaie scripturale. Lorsqu'une Banque de Monnaie de Consommation a trop d'espèces en caisse, elle fait l'opération en sens inverse auprès de l'Institut de Monnaie Espèces.

C.2.3   Les principes de Service Public de la Société Civile s'appliquent aux Instituts de Monnaie Espèces.

C.3. La Monnaie de Financement

La Monnaie de Financement correspond à une circulation monétaire qui vient en complément de la Monnaie de Consommation et utilise la même unité de compte.

Elle est une monnaie de prêt destinée au financement des entreprises, des institutions et des particuliers.

Elle est émise par les Instituts de Financement. La création monétaire peut être soit totale, soit partielle, au cas où un particulier participe au financement du projet.

La destruction de la monnaie émise a lieu par remboursement des prêts.

Les prêts sont accordés sur la base de la fiabilité estimée du projet. Ils ne sont pas adossés à du capital accumulé ou à toutes formes de cautions et d'hypothèques.

Les prêts sont sans intérêts.

C.3.1   La Monnaie de Financement circule uniquement sous forme scripturale :

- ▶ Par virement sur le Compte de Consommation Courante de l'emprunteur ou en sens inverse lors des remboursements.

- ▶ Par virement sur le Compte de Consommation Différée de l'épargnant lors de la restitution de son épargne.

C.3.2   Pour régler ses dépenses de fonctionnement, et encaisser ses ressources, un Institut de Financement ouvre un compte dans une Banque de Monnaie de Consommation.

C.3.3   En accord avec les associations d'usagers, les Instituts de Financement peuvent facturer des frais. Au total, elles facturent au maximum 2 % du montant du prêt demandé, pour les frais d'ouverture de dossier, et 3 % du montant du prêt accordé, pour les frais de gestion.

C.3.4   Un Institut de Financement n'accorde des prêts que dans le cadre d'activités situées dans le pays où il a son siège. Les transferts de Monnaie de Financement à l'international lui sont interdits.

C.4. Monnaie de Contribution.

La Monnaie de Contribution est de la Monnaie de Consommation orientée vers les institutions de l'économie non-marchande, dans le but de permettre leur fonctionnement. Elle utilise donc la même unité de compte.

Elle provient des taxes, des bénéfices générés par les entreprises de l'économie marchande, des montants provenant de la décote de la Monnaie de Consommation et des dons des personnes physiques.

C.4.1 Dans chaque pays, un Office National de la Monnaie de Contribution et des Offices régionaux définissent les clés annuelles de répartition de la Monnaie de Contribution, par secteurs d'activités de l'économie non-marchande.

Ces Offices n'attribuent pas eux-mêmes de la Monnaie de Contribution. Leur activité se limite à la détermination de ces clés de répartition.

Ces offices sont soumis aux règles de Service Public de la Société Civile définies en B.

C.4.2 Les organismes habilités à collecter et redistribuer la Monnaie de Contribution sont les Fonds de Monnaie de Contribution.

Chacun est actif dans un seul domaine à la fois de l'économie non-marchande.

Hormis les activités régaliennes de l'État, chaque domaine de l'économie non-marchande pourra comporter plusieurs Fonds de Monnaie de Contribution, créés à l'initiative des citoyens et de la société civile.

C.4.3 Chaque citoyen oriente la part de Monnaie de Contribution qu'il doit verser vers les Fonds de Monnaie de Contribution de son choix, proportionnellement aux clés de répartitions définies par les Offices de Monnaie de Contribution. Pour chaque secteur, il peut déterminer les institutions et associations vers lesquelles ira sa contribution.

C.4.4 Il appartient aux employés des entreprises de l'économie marchande d'affecter les taxes et les bénéfices contribuables vers les Fonds de Monnaie de Contribution de leurs choix.

Les employés pourront le faire individuellement ou collectivement.

Cette affectation se fera également à proportion des clés de répartitions définies par les Offices de Monnaie de Contribution.

C.4.5 Pour le financement de leurs infrastructures, les Fonds de Monnaie de Contribution soumettent leurs projets à un Institut de Financement, afin d'obtenir un prêt.

C.4.6   Pour régler ses dépenses de fonctionne-
        ment, et encaisser ses ressources, un Fond
        de Monnaie de Contribution ouvre un
        compte dans une Banque de Monnaie de
        Consommation.

C.4.7   Les institutions et associations de l'écono-
        mie non-marchande s'adressent aux Fonds
        de Monnaie de Contribution de leur choix,
        en présentant leur budget, pour recevoir la
        Monnaie de Contribution nécessaire à leur
        fonctionnement. En cas d'accord, celle-ci
        leur est versée sur leur Compte de
        Consommation Courante.

D. Dispositions internationales

D.1.   Entre les pays membres du SMIER, la Monnaie de
        Consommation circule de Compte de Consomma-
        tion Courante à Compte de Consommation Cou-
        rante.

        La Monnaie de Contribution circule de Fonds de
        Monnaie de Contribution à Fonds de Monnaie de
        Contribution.

        La Monnaie de Financement ne circule pas entre
        les pays membres.

D.2.   Lors d'un transfert international de Monnaie de
        Consommation, la Banque de Monnaie de Consom-
        mation qui reçoit les droits à consommer, enre-
        gistre ceux-ci dans sa monnaie et annule la

contrepartie qui était exprimée dans la monnaie du pays d'origine. Cette opération se fait au taux de change officiel du SMIER.

D.3. Les transferts internationaux de Monnaie de Contribution se font de façon analogue à ceux de la Monnaie de Consommation, définis au paragraphe précédent.

D.4. L'organisation du SMIER comprend quatre Institutions Monétaire Internationales (IMI) :

▶ Le Bureau International des Parités.

▶ L'organe de contrôle appelé Audit Monétaire International

▶ La Commission d'Arbitrage.

▶ L'association Internationale des ONG Monétaires

D.5. Les IMI sont chacune administrées par un conseil de surveillance composé de représentants d'ONG émanant de la société civile, sans buts lucratifs, actives au niveau international et membres de l'Association Internationale des ONG Monétaires.

D.6. Le conseil de surveillance de chaque IMI nomme les dirigeants de chacune de ces institutions. Ces dirigeants sont des experts dans un des trois domaines monétaires.

D.7. Les IMI sont soumises à un système de qualité.

D.8. Les IMI ont un bureau dans chaque pays membre. La direction de ces bureaux est composée aux deux tiers de personnels étrangers au pays.

D.9   Les ressources des IMI proviennent de la Monnaie de Contribution fournie par chaque pays membre, selon une quote-part proportionnelle à son PIB.

D.10. Le Bureau International des Parités

D.10.1   Le Bureau International des Parités a pour mission de définir, chaque mois, les parités entre les monnaies.

D.10.2   L'objectif du SMIER est de permettre un rapprochement, entre les pays, des conditions de salaires, de prestations sociales, de conditions de travail et d'environnement. Le calcul des parités sera fait de telle façon qu'elles se rapprocheront au fur et à mesure que ces facteurs le feront également.

D.10.3   L'outil de détermination des parités est le Panier de Consommation, composé de la plupart des produits consommés dans le monde. Il est identique pour tous les pays.

D.10.4   Le Prix Pondéré du Panier de Consommation (PPPC), dans un pays, est le prix qu'il faut payer pour y acheter l'ensemble des produits qui le constitue. Il est exprimé dans la monnaie du pays.

D.10.5   La pondération du prix se fait en intégrant la productivité qui provient d'une amélioration des savoirs faire et les ressources naturelles du pays, de façon telle qu'il ne soit pas pénalisé, au niveau de sa parité, par l'un ou l'autre de ces facteurs qu'il a su mettre en valeur.

D.10.6 La parité entre deux monnaies Mα et Mβ est égale au rapport inverse entre les Prix Pondérés des Paniers de Consommation dans ces deux pays, soit $\dfrac{M\alpha}{M\beta} = \dfrac{PPPC\beta}{PPPC\alpha}$

D.11. L'Audit Monétaire International

D.11.1 L'Audit Monétaire International a pour mission de contrôler l'application des règles de fonctionnement du SMIER dans chaque pays membre et au niveau des IMI.

D.11.2 Pour remplir sa mission, L'Audit Monétaire International s'appuie sur les procédures de contrôle de chaque institution financière : les Conseils de Coordination Monétaire de chaque monnaie et les Instituts d'Audit Monétaire, tels qu'ils sont définis aux paragraphes B.8 et B.9.

D.11.3 L'Audit Monétaire International évalue en permanence le bon fonctionnement de ces deux types d'institutions.

En cas de dysfonctionnement, il adresse une remarque ou un avertissement à l'organisme concerné, assorti d'un délai de remise en ordre.

En cas de faute grave ou de non-respect des délais de remise en ordre, L'Audit Monétaire International retire sa licence d'accréditation à cette institution.

D.11.4 L'Audit Monétaire International peut enjoindre à un Conseil de Coordination Monétaire de retirer sa licence à une institution monétaire dont elle fait partie.

D.11.5 L'Audit Monétaire International peut demander à l'Organisation Internationale des ONG Monétaires d'exclure un pays membre du SMIER, en cas de non-respects répétés des règles du SMIER ou de fautes graves.

D.12. La Commission d'Arbitrage

D.12.1 La Commission d'Arbitrage a pour mission de juger et régler les différends qui surgissent entre les acteurs du SMIER.

D.12.2 Peuvent saisir la Commission d'Arbitrage :

► En première instance, les Institutions Monétaires Internationales.

► En deuxième instance, les Instituts d'Audit Monétaire, les Conseils de Coordination Monétaire, les ONG et les associations d'usagers actifs dans le domaine monétaire.

D.12.3 Les décisions de la Commission d'Arbitrage sont souveraines.

D.13. L'association Internationale des ONG Monétaires

D.13.1 L'Organisation Internationale des ONG Monétaires est composée de représentants des ONG actives, au niveau international, dans les domaines monétaires et sans buts lucratifs.

D.13.2 L'Organisation Internationale des ONG Monétaires désigne, en assemblée générale, les représentants d'ONG qui siégeront dans les conseils de surveillance des IMI.

D.13.3 L'Organisation Internationale des ONG Monétaires contrôle l'activité du Bureau International des Parités et de l'Audit Monétaire International.

D.13.4 L'organisation Internationale des ONG Monétaires accepte ou exclut les pays ou les zones monétaires au sein du SMIER.

D.13.5 L'Organisation Internationale des ONG Monétaires a une commission d'arbitrage qui traite, en première instance, les plaintes et litiges émanant d'ONG ou de citoyens et concernant le fonctionnement d'une ONG impliquée dans une institution monétaire.

Le schéma de la page suivante présente la synthèse de l'articulation entre les différents organes du SMIER.

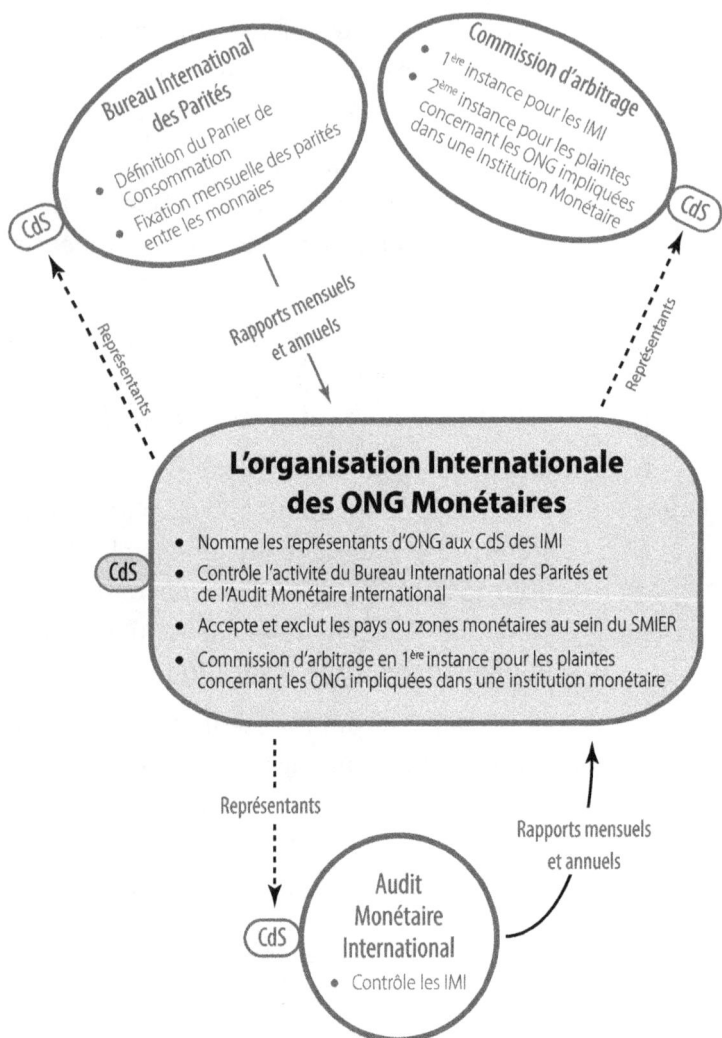

Bureau International des Parités
- Définition du Panier de Consommation
- Fixation mensuelle des parités entre les monnaies

CdS

Commission d'arbitrage
- 1ère instance pour les IMI
- 2ème instance pour les plaintes concernant les ONG impliquées dans une Institution Monétaire

CdS

Représentants

Rapports mensuels et annuels

Représentants

L'organisation Internationale des ONG Monétaires

CdS

- Nomme les représentants d'ONG aux CdS des IMI
- Contrôle l'activité du Bureau International des Parités et de l'Audit Monétaire International
- Accepte et exclut les pays ou zones monétaires au sein du SMIER
- Commission d'arbitrage en 1ère instance pour les plaintes concernant les ONG impliquées dans une institution monétaire

Représentants

Rapports mensuels et annuels

Audit Monétaire International

CdS
- Contrôle les IMI

Le Système Monétaire International pour l'Économie Réelle (SMIER)

- CdS = Conseil de surveillance, composé de représentants d'ONG, d'associations d'usagers et d'employés.
- IMI = Institution Monétaire Internationale

Chapitre 29

Ne nous trompons pas de combat

L'indignation monte et les crises du capitalisme du désastre rendent lucides ceux qui aspirent à plus de solidarité et d'équité. Le système actuel est percé à jour. Pour
beaucoup de gens, il conduit la civilisation à sa ruine. Et
l'on veut le remplacer. Mais par quoi ?

Un peu partout, on voit fleurir des initiatives et des
propositions. La plupart visent une action immédiate et
engagée, au plan local, de façon associative ou individuelle. Elles travaillent à amener le changement directement, sur le terrain. Cependant, quelques projets se
situent sur un plan plus global.

Dans le domaine monétaire, ces deux niveaux coexistent avec, d'une part, les monnaies locales et, d'autre
part, de nouvelles formes de monnaies nationales.

Considérons les premières.

Les systèmes d'Échanges Locaux (SEL) sont bien
connus. La plupart consistent en une comptabilisation des

prestations faites par les membres entre eux, sur la base du temps de travail. D'une certaine façon, il s'agit d'une sorte de monnaie scripturale. D'autres projets voient le jour avec des billets imprimés. Ils ont cours entre les membres de l'association qui porte cette initiative. Parmi eux, il y a surtout des particuliers, mais aussi des commerçants et des artisans, parfois des PME. Le but est de faciliter les échanges et de créer des emplois locaux.

De telles expériences ont eu lieu à une plus grande échelle. La plus importante est, sans doute, celle des Creditos, monnaie parallèle qui a vu le jour en 1995, en Argentine. Le pays vivait alors une crise monétaire grave qui paralysait l'économie. Pour ne pas sombrer dans la pauvreté, quelques citoyens d'une banlieue de Buenos Aires se sont mis à faire du troc, puis à se réunir en un réseau de clubs, les Nodos (Nœuds), et à imprimer des billets, les Creditos, favorisant l'échange de produits et services entre membres.

Au début des années 2000, le nombre de Nodos s'élevait à plus de 8'000, avec des transactions en Creditos pour l'équivalent de 500 millions de dollar par an, entre plusieurs millions d'Argentins. L'ampleur de l'expérience est impressionnante. Son utilité sociale s'est prouvée d'elle-même. Non seulement elle a permis qu'une économie parallèle se développe, là où celle qui était basée sur la monnaie officielle se grippait, mais elle a aussi créé du lien entre les membres des Nodos.

Comme le dit Marie-Louise Duboin : « *Ces réseaux d'échanges recréent du lien social, et s'opposent ainsi, de fait, au système économique actuel qui exalte et développe l'individualisme du chacun pour soi* »[1].

1. Marie-Louise Duboin, *Mais où va l'argent?*, Éd. du Sextant, p. 176.

Un peu plus loin, elle ajoute : « *(...) les monnaies parallèles, parce qu'elles sont à usage local, restreint, marginal, ne peuvent au mieux, qu'épargner certains effets de la crise générale, et seulement aux actifs, membres de ces associations* »[2].

C'est un fait que ces monnaies complémentainres ont tendance à voir le jour en temps de crise. D'ailleurs, l'on peut se demander quelle serait leur utilité si la monnaie jouait son rôle tel qu'il devrait être. Avec la Monnaie de Consommation que nous avons décrite, le recours à ce circuit parallèle s'avérerait être un obstacle à l'échange, car elle le compliquerait.

Pourquoi, en effet, avoir deux sortes de billets quand une seule suffit ? Il s'agit donc de réaliser les conditions pour que la monnaie soit saine. Ne nous trompons pas de combat !

D'autre part, le besoin de monnaie complémentaire apparaît là où il y a manque de pouvoir d'achat. Ceci, à la base, n'est pas lié à un dysfonctionnement monétaire, mais a affaire avec le revenu. C'est cette question qu'il faudrait aborder. Lorsque nous l'aurons traitée, dans le tome 2, nous pourrons nous demander s'il vaut la peine de consacrer son énergie à la création de monnaies complémentaires ou s'il ne serait pas mieux d'attaquer les véritables causes des problèmes.

Là encore, ne nous trompons pas de combat. Mais l'erreur ne réside pas dans le fait de choisir un nouvel outil monétaire comme les Nodos, les Chimgauer, les Sols-Violettes, etc. Elle n'est donc pas stratégique. Elle

1. Ibid. p. 200.

est plus profonde. Elle est conceptuelle. Elle consiste à conférer à la monnaie un attribut qui ne relève pas de son champ d'action.

Certes, l'économie souffre de graves dysfonctionnements monétaires. Nous les avons décrits en détail et sous plusieurs angles. Nous avons vu l'importance d'y remédier et nous avons proposé des solutions basées sur une toute nouvelle approche qui considère réellement la monnaie comme une comptabilité et non comme une marchandise.

Cette façon de considérer la monnaie comme « une marchandise particulière » a été théorétisée par l'économiste allemand Silvio Gesell auquel se réfèrent beaucoup de penseurs de l'économie alternative et qui a proposé des idées intéressantes, en particulier ce qu'il appelle la monnaie franche qui est fondante. Dans son livre *L'ordre économique naturel*, il écrit : « *Mue par une force naturelle intérieure, la monnaie tendra constamment vers la vitesse de circulation la plus élevée pour le lieu et l'époque, et elle tendra sans cesse à faire croître cette vitesse limite. Comme la lune parcourt imperturbablement son orbite, sans égard pour les événements terrestres, la monnaie franche suivra sans égard pour la volonté du porteur, son chemin à travers le marché.*

Dans toutes les circonstances imaginables, par les bons comme par les mauvais jours la demande répondra exactement : 1. à la quantité de monnaie mise en circulation et contrôlée par l'État ; 2. à la vitesse de circulation monétaire la plus grande possible selon l'organisation commerciale existante.

Qu'est-ce que cela signifie pour l'économie publique ? Cela signifie que nous maîtrisons les fluctuations du marché ; que l'Institut d'émission est en mesure d'ajuster exactement, par l'émission et le retrait de monnaie, la demande aux besoins du marché ; que ce ne sont plus les porteurs de billets, les petits bourgeois timorés, les spé-culateurs, l'esprit régnant en Bourse, les caprices des af-faires, qui créent la demande ; mais que c'est désormais à l'Institut d'émission de déterminer de manière absolue le niveau de la demande. L'Institut d'émission produit de la demande, comme l'État délivre des timbres postes, et comme les ouvriers fabriquent de l'offre.

Si les prix baissent, l'Institut d'émission produit de la monnaie et la met en circulation. Et cette monnaie, c'est de la demande sous forme matérielle. Lorsque les prix haussent, l'Institut d'émission incinère de la monnaie, et ce qu'il brûle, c'est de la demande. »[1]

Les points 1 et 2 de ce passage résument parfaitement la conception qui préside aux monnaies locales et com-plémentaires : 1) la monnaie est considérée comme une marchandise qui peut circuler en trop grande quantité sur le marché ou qui est trop rare ; 2) la vitesse de rota-tion de la monnaie dont on estime qu'elle joue un rôle dé-terminant.

Or il se trouve que cette conception est la même que celle qui a cours dans l'économie actuelle, celle que l'on prétend transformer. Dans le chapitre 4, nous avons déjà indiqué que le déficit de la pensée économique est le même des deux côtés. Les chapitres qui ont suivi ont

1. Silvio Gesell, *L'ordre économique naturel*, p. 222, L'autre Éditions, téléchargeable sur http://fr.calameo.com/.

permis de voir en détail comment se défaire de cette approche de la monnaie marchandise et de l'illusion que représente la vitesse de rotation de la monnaie.

Dans le cas des monnaies complémentaires, cette confusion va jusqu'au point où l'on finit par croire que la monnaie engendrerait du pouvoir d'achat. Dans l'économie réelle, je n'ai jamais vu celui-ci apparaître par la monnaie, laquelle peut tout au plus le mesurer, le comptabiliser.

Les droits à consommer dont dispose un acteur de l'économie réelle résultent toujours d'une suite d'actes au sein de ce domaine. Même la retraite ou les allocations apparaissent par ce biais.

Le pouvoir d'achat provient de la rémunération, sous une forme ou sous une autre. Si une personne ne dispose pas de pouvoir d'achat, il convient d'en chercher les causes dans le champ qui en est relevant. Sur le schéma de la *Croix de l'économie*[1], nous avons placé le travail en face de la monnaie. C'est en explorant ce domaine, avec un nouveau regard, que nous trouverons comment résoudre la question cruciale de l'insuffisance de pouvoir d'achat d'un nombre toujours plus grand de personnes dans le monde.

La *Croix de l'économie* peut aider à remonter aux véritables causes des problèmes et éviter d'attribuer à un domaine ce qui relève d'un autre.

Nous voyons là une approche analogue à celle que nous avons caractérisée pour les Banques Centrales : on agit de l'extérieur sur un symptôme, sans traiter la cause,

---

1. Voir le schéma p. 21

comme le fait un pacemaker sur le rythme cardiaque et la circulation sanguine. Mais personne ne dira qu'un tel appareil est caractéristique de l'être humain en bonne santé.

Avons-nous une idée de ce qu'est la santé de l'économie, c'est-à-dire son état normal ? Nous devrions aborder ce point en profondeur avant de nous orienter vers une solution. Comment devrait être la monnaie pour que l'économie soit saine ? Voilà un préalable à résoudre avant d'aller dans telle ou telle direction. Trois autres préalables doivent aussi être explorés pour trouver les causes de la consommation non locale et de la pollution : ce sont les autres branches de la *Croix de l'économie*. On s'apercevra alors que les raisons principales de ces deux problèmes devraient être cherchées dans la direction du capital, du travail et du foncier/immobilier. Tous les trois rendent l'économie malade par la façon dont ils s'y insèrent.

Par exemple, on devrait considérer comment le prix de l'immobilier agit sur le coût d'une production locale et également sur le pouvoir d'achat des éventuels clients. Le problème n'est donc pas seulement double. Il est élevé au carré et a une influence disproportionnée lorsque la production locale est confrontée à celle qui est « dé-locale ».

Nous devons donc considérer comment les quatre branches de la *Croix de l'économie* viennent perturber celle-ci et la rendre malade. Il s'agit d'entrer dans les phénomènes et de les percer à jour. Alors, nous pourrons trouver les remèdes pour chacune de ces quatre branches.

À qualité égale ou à produit et prestation équivalents, si la production locale est délaissée, c'est que le prix passe au premier plan. Que ce prix soit exprimé dans la monnaie officielle ou dans la complémentaire ne change rien. Tout comme, à l'époque du passage à l'Euro, les prix étaient affichés dans l'ancienne et dans la nouvelle monnaie. Il était indifférent que l'on paye en Francs Français ou en Euro. On confond la monnaie et son expression physique, le support monétaire.

Les initiateurs du WIR, dont nous avons parlé, n'avaient pas fait cette confusion. Si leur monnaie n'avait eu de fonction qu'au niveau de l'échange, c'est-à-dire de la consommation, elle ne se serait pas inscrite dans la durée. La raison d'être du WIR est le crédit. Elle existe d'abord en tant que Monnaie de Financement qui, au moment de son utilisation, entre dans le circuit de la Monnaie de Consommation.

Les entreprises ont recours au WIR pour les besoins de trésorerie et de financement que les banques ne leur accordent pas ou alors à des taux élevés. Ceci a lieu particulièrement en temps de crise, lorsque les banques ne prêtent plus. En période de « crédit facile », l'utilisation du WIR diminue. Elle ralentit aussi lorsque le taux directeur de la Banque Nationale Suisse est si bas que le crédit en Francs Suisses est bon marché. C'est le cas actuellement et la circulation du WIR ralentit.

Nous voyons ainsi qu'une monnaie complémentaire n'a de sens que si elle apparaît d'abord en tant que Monnaie de Financement, c'est-à-dire qu'elle est le résultat d'une création monétaire liée à une activité économique. La faire apparaître au niveau de la Monnaie de Consommation, par une simple transposition de la monnaie officielle dans une monnaie X ou Y ne modifie pas l'équation économique.

Certaines expériences locales offrent un bonus de 1 % au moment du change des Euros en monnaie locale : pour 100 €, vous recevez 101 X ou Y. On pourrait croire à une création monétaire. Mais une observation attentive montrera qu'elle n'en a pas les attributs. Elle ressemble davantage à une promotion analogue à celle que ferait un commerçant sur l'un de ses produits. Dans le cas présent, c'est le concept de monnaie complémentaire que l'on vend en promotion !

Il existe aussi parfois du microcrédit en monnaie complémentaire. Là aussi, il conviendrait de bien observer s'il correspond à une création monétaire réelle, au sens de la Monnaie de Financement. Car l'on voit des situations où ce sont les Euros, nantissant déjà les billets X ou Y qui vont aussi nantir le microcrédit. Il y a alors bien création monétaire, mais de façon analogue à celle que fait une banque traditionnelle. Tout ira bien tant que la demande de conversion de la monnaie complémentaire en Euros sera faible ; autrement dit, tant que les gens voudront jouer le jeu. Si un trop grand nombre d'adhérents décidaient de sortir de cette zone monétaire, il pourrait y avoir des surprises.

Le pluralisme monétaire a longtemps existé. Au début du XXe siècle, dans plusieurs régions d'Europe, chaque banque émettait sa monnaie. Le problème du passage d'une monnaie à l'autre se posait de façon quotidienne ;

également celui de la confiance dans la quantité de monnaie émise par rapport à la couverture qui, à l'époque, consistait en or et en billets d'une autre monnaie.

Il est intéressant de constater que les monnaies complémentaires repassent par les mêmes étapes que celles que l'on trouve lorsque l'on étudie l'histoire de la monnaie. Peut-être est-ce là un facteur d'éveil de notre conscience citoyenne aux questions monétaires ? Mais parfois, l'on peut se demander si l'on n'est pas en train de réinventer l'eau tiède.

Il y a eu des moments où le lancement d'une monnaie complémentaire en tant que Monnaie de Consommation s'est révélé utile. Nous avons cité le cas des Creditos. Ils sont apparus parce que le Peso ne jouait plus son rôle. De nombreuses banques avaient fermé et les Argentins avaient perdu leur argent ou n'y avaient plus accès. La Monnaie de Consommation ne circulait plus. Elle était défaillante.

Sommes-nous dans une telle situation en Europe ? Cela aurait pu se produire en 2008-2009. Il est très probable que d'autres crises surviennent. Nous pouvons même imaginer que la zone Euro éclate un jour. Que cela arrive ou que nous continuions, de crise en crise, à faire durer l'état actuel, il faudra bien, un jour, se mettre en face d'une réalité : nous ne trouverons pas de solutions viables, qui permettraient un développement durable de la vie sociale et de la nature, tant que nous n'aborderons pas l'économie d'une façon qui corresponde à ce qu'elle est par essence. Pour y parvenir, nous avons besoin d'une vision globale.

Un peu plus haut dans ce chapitre, nous avons montré, à titre d'exemple, comment le prix des marchandises est influencé par l'immobilier. On peut y ajouter le niveau d'autres facteurs, notamment les salaires et celui de la protection de l'environnement. Tous ces éléments peuvent être déterminés à des milliers de kilomètres de telle ville ou village de France. Mais ils sont inclus dans le produit présent dans le magasin et qui est en concurrence avec celui qui est produit localement. Que le client paye en Euros ou en monnaie complémentaire ne modifiera pas la question qui se pose à lui et qui est d'autant moins facile à résoudre que son pouvoir d'achat se restreint.

Le problème se pose donc ainsi : comment agir sur des facteurs aussi éloignés et qui sont apparemment inatteignables ? Nous avons un problème de prix entre deux produits. Au lieu de chercher un moyen extérieur, nous devrions pénétrer au cœur de la difficulté, c'est-à-dire dans la formation du prix. Or celui-ci est également dépendant du taux de change entre les monnaies. Nous devrons donc inclure cet élément dans la détermination du prix de telle sorte que les coûts externalisés soient réintroduits dans le produit au moment de la conversion des monnaies.

Dans le chapitre sur le Nouveau Système Monétaire International pour l'Économie Réelle, nous avons proposé une méthode pour y parvenir, tout en restant au sein de l'économie. La relocalisation de l'économie a donc bien une composante monétaire. Mais celle-ci est beaucoup plus globale qu'on ne le croit habituellement.

Un slogan populaire de l'altermondialisme était : « penser global, agir local ». Si cette phrase a un sens, que penser d'un agir local qui ne procéderait pas d'un penser global, d'une vision d'ensemble de l'économie et en particulier de la monnaie ? Dans ce domaine, notre action locale pourrait consister à travailler ces questions en profondeur pour que se développe une citoyenneté plus consciente, plus avertie, plus connaissante et qui sache se mobiliser pour faire avancer les enjeux les plus cruciaux.

Pour le dire autrement, en voulant passer directement de l'indignation justifiée à des stratégies comme celle des monnaies complémentaires, est-ce que l'on ne porte pas le combat dans une voie sans issue, ce qui permettrait alors au capitalisme du désastre d'occuper encore davantage le terrain et d'épuiser, peu à peu les forces de résilience qui sont si vives et que l'on voit émerger un peu partout dans le monde ?

À mon sens, ce dilemme est des plus sérieux et ne devrait pas être traité à la légère par ceux qui aspirent à changer les choses.

Actuellement, nous assistons à un foisonnement de réflexions et d'initiatives dans le domaine des monnaies complémentaires. Certains économistes, voyant bien les limites d'une monnaie qui ne serait que locale, travaillent sur des modes de conversions entre ces différentes monnaies. D'autres proposent une monnaie complémentaire nationale. Il y aurait encore beaucoup à dire sur ces projets. Dans le cadre de ce livre, je ne développerai pas davantage ce point. Je renvoie le lecteur intéressé vers le site de Démocratie Évolutive, à la rubrique Monnaie. Tout ce que j'ai exposé jusqu'ici devrait suffire à montrer où se situe le nœud du problème et comment tenter de le défaire.

Pour le dire autrement, il ne s'agit pas de construire un monde monétaire parallèle, un monde « Off » qui laisserait le « In » continuer son chemin. Nous avons vu que le « In » est atteint d'un cancer, celui de la spéculation. Or la tendance de cette maladie est de gagner l'ensemble de l'organisme et d'épuiser les forces de guérison. Aujourd'hui, le monde « Off » peut encore exister. Mais nous ne savons pas pour combien de temps encore. Ou alors, il pourrait devenir tellement marginal qu'il deviendrait insignifiant pour le « In ». Ce dernier pourrait aussi trouver les moyens d'intégrer les impulsions du « Off » à son fonctionnement. N'aurait-il pas déjà commencé à le faire, avec la création d'un ministère de l'économie sociale et solidaire ? Dans ce domaine, l'imagination de l'appareil d'État est sans limites. Par appareil d'État, je veux dire un système qui a sa propre dynamique sur laquelle le citoyen n'a que très peu de pouvoir ou seulement une apparence de pouvoir.

Dans son livre *La dictature libérale*, Jean-Christophe Rufin a bien décrit ce mécanisme de récupération qui est à la base du fonctionnement même de ce que nous appelons la démocratie. Faisant un parallèle avec la fameuse main invisible du marché d'Adam Smith, il décrit *la main invisible politique* qui « *assure la cohésion du système. C'est elle qui nourrit le système de ce qui s'oppose à lui.* ». Il montre alors comment l'opposition ou la contestation ne sont pas un obstacle et comment le système saura les récupérer. « *Les contradictions des sociétés démocratiques ne sont pas des inconvénients ou des faiblesses : elles sont au cœur du système et lui donnent sa vigueur (...) Les sociétés démocratiques peuvent, sans crainte, laisser foisonner en elles toutes les initiatives, puisqu'elles ne les compromettent pas. Elles peuvent libérer à plein les énergies humaines puisqu'elles sont assurées que leur dissipation, quel que soit l'échauffement qu'elle provoque n'entrainera pas la fusion du récipient qui les contient* »[1].

Un peu plus loin, il montre le risque des combats ponctuels : « *Veillons à ce que le morcellement, l'insignifiance des révoltes humaines, de plus en plus locales, microscopiques et parcellaires, ne conduisent pas à un affaiblissement excessif des mécanismes perturbateurs*»[2]. Et il poursuit en citant Alexis de Tocqueville: « *On croit que les sociétés nouvelles vont chaque jour changer de face, et, moi, j'ai peur qu'elles ne finissent par être trop invariablement fixées dans les mêmes institutions, les mêmes préjugés, les mêmes mœurs ; de telle sorte que le genre humain s'arrête et se borne ; que l'esprit se plie et se replie éternellement sur lui-même sans produire d'idées nouvelles ; que l'homme s'épuise en petits mouvements solitaires et stériles et que, tout en se remuant sans cesse, l'humanité n'avance plus* »[3].

---

1. Jean-Christophe Rufin, La Dictature libérale, JC Lattès, p. 299 & 300.
2. Ibid, p. 306.
3. Ibid, p. 306. La citation d'A. de Tocqueville est tirée de De la démocartie en Amérique, Tome II, p. 324.

Il est donc vital de saisir les véritables enjeux. Certaines questions ne peuvent être traitées au seul niveau local ou dans un circuit complémentaire. De par leur nature, elles se situent sur un autre plan.

Au fond, nous pouvons considérer trois niveaux : le microsocial, le mezzosocial, et le macrosocial. Le premier concerne la vie individuelle et celle dans laquelle nous sommes en relations directes avec d'autres personnes : les membres de notre famille, nos amis, nos collègues de travail, nos voisins, etc. Nous sommes sur le deuxième niveau lorsque nous œuvrons au sein d'une institution, d'une entreprise, d'une association, etc. Le macrosocial concerne les organisations à caractère plus général, dont le rayon d'action va du régional à l'international, qu'il s'agisse de l'État ou des institutions internationales comme l'ONU, l'OMC, le FMI, la BCE, etc. La macroéconomie est une des composantes de ce macrosocial.

Il est très utile de savoir de quel niveau relève telle ou telle question. Bien entendu, il y a toujours une interférence entre les trois. Par exemple, l'action macrosociale d'un chef de gouvernement ne peut être dissociée de la façon dont il entre en relation, au niveau microsocial, avec ses homologues et de l'expérience qu'il a acquise dans le fonctionnement du tissu mezzosocial.

Chacun d'entre nous participe de ces trois domaines. S'il est facile de le voir pour les deux premiers, c'est peut-être moins évident pour le troisième. Mais tout ce que nous faisons s'inscrit dans le cadre général du macrosocial et du macroéconomique, à moins de vivre en autarcie et d'être apatride. On peut alors se demander : « de

quelle façon puis-je devenir plus conscient du macrosocial et comment puis-je y intervenir pour qu'il favorise la
vie au niveau mezzo et microsocial ? ».

Aujourd'hui, on entend souvent des injonctions du
genre : « transforme-toi et le monde changera ». Il n'y a
rien à redire à cette proposition ... dans la mesure où
cette transformation de soi-même ne se limite pas au microsocial. Le travail sur son propre savoir-être est, bien
sûr, essentiel. C'est une condition nécessaire. Mais elle
n'est pas suffisante. En particulier, pour le macrosocial
qui demande des compétences d'une autre nature nécessitant de la connaissance et de la compréhension des
phénomènes. Ces capacités sont accessibles à tous. Mais
elles ne s'acquièrent pas sans que l'on y consacre un peu
de son temps. Or là réside une partie du problème. Car
celui qui, en plus de sa transformation microsociale, s'en-
gage au niveau mezzosocial, constate souvent que tout
son temps est occupé.

Nous sommes dans un cercle vicieux. Les dysfonctionnements macrosociaux font apparaître de plus en plus de
problèmes sur les autres niveaux. Pour tenter de les résoudre, un nombre croissant de personnes s'engagent, en
plus de leur travail, dans le monde associatif et les ONG.
Elles soutiennent parfois plusieurs causes, s'informent,
participent à des débats, signent des pétitions, etc. La vie
militante et engagée est chronophage. Elle fait avancer
les choses. Pendant ce temps, le macrosocial, en particulier le macroéconomique, génère de nouveaux problèmes
ou rend plus difficile la solution de ceux qui existent déjà.
La complexité s'accroît et donne l'impression d'être in-
extricable.

Pour sortir de ce cercle vicieux, ne devrions-nous pas nous attaquer aux causes premières et donc leur réserver du temps et de l'énergie ? Si un incendie continue de faire des ravages malgré nos efforts, ne devrions-nous pas nous occuper de ce qui alimente la flamme ? Autrement dit, nous pourrions passer d'un traitement des symptômes à celui des causes.

Mais le macrosocial semble inaccessible. Comment intervenir, par exemple, dans la transformation de la monnaie, dans le sens de ce qui est décrit dans ce livre ? Il faudrait modifier les lois. Or, à l'exception de la Suisse, le citoyen n'a pas directement accès à ce domaine.

Nous touchons là au premier de tous les combats, celui dont dépendent tous les autres. Dans une véritable démocratie, le citoyen devrait avoir la possibilité d'intervenir directement dans le domaine des lois pour en proposer de nouvelles et pour changer les anciennes ou celles que le parlement adopte.

Il s'agit donc d'obtenir le minimum vital de la démocratie : le droit d'initiative législative citoyenne et le droit de référendum législatif citoyen, que seule la Suisse possède intégralement. Il me semble que la société civile devrait se concentrer sur ce premier objectif qui, une fois réalisé, ouvrirait les portes à de vrais changements dans les domaines de la monnaie, du capital, du travail et du foncier-immobilier.

Aujourd'hui, les problèmes sociétaux sont si nombreux, si divers, que chacun peut être happé par l'un ou l'autre d'entre eux et consacrer son énergie et son temps à tenter de l'atténuer. Il ne reste alors plus de disponibilité pour s'attaquer aux origines des difficultés que l'on cherche à résoudre.

Les causes à défendre sont multiples. Elles exercent sur la société civile un effet centrifuge qui fait perdre de vue le centre et permet à la confusion de s'installer. Rassembler son énergie sur un centre commun, se concentrer sur un objectif est peut-être le défi actuel que devrait relever la société civile.

Certains penseront que cet objectif devrait être la préservation de l'environnement. Ils devraient alors se demander si la meilleure façon d'y parvenir consiste à se limiter à ce combat ou bien s'il ne vaudrait pas mieux remonter à la cause des causes, c'est-à-dire à la pollution de l'économie, laquelle conditionne toutes les désorganisations, celles de la nature comme celles de la société.

Chapitre 30

Réalisation évolutive

La transformation de la monnaie telle que nous l'avons décrite est si profonde qu'il semble difficile de l'envisager en une seule étape ; non pas en raison des problèmes techniques qui seraient à résoudre (la réunification des deux Allemagnes ou le passage à l'Euro n'étaient pas plus simples. L'expérience a montré que, sur le plan organisationnel, de telles opérations, si elles sont bien préparées, sont faisables). L'obstacle est ailleurs. Il réside dans la résistance au changement propre à la forme particulière de nos démocraties. On le voit clairement dans la façon dont l'ensemble du système est paralysé devant des réformes dont l'urgence s'impose pourtant, comme c'est le cas dans le domaine de l'environnement et du réchauffement climatique.

Ce n'est pas le lieu d'examiner les raisons de cette impuissance au changement. Je l'ai fait dans mon livre *La Démocratie Évolutive* et je traiterai cette question à nouveau dans un prochain ouvrage.

Nous avons un vrai problème systémique que nous devrons bien, un jour, aborder de face en nous interrogeant sur ce que serait une véritable démocratie.

Dans le cadre de notre réflexion sur la monnaie, nous n'allons pas nous baser sur une refonte de la démocratie comme préalable à toute transformation dans le domaine économique. Nous allons plutôt regarder comment des solutions pourraient être mises en place, de façon évolutive, parallèlement à ce qui existe et sans mobilisation de moyens trop importants.

Avant d'entrer dans le détail, nous devons introduire un élément indispensable : le droit à l'expérimentation. Lucien Pfeiffer en a parlé dans son livre *La fin du capitalisme... et après ?* Constatant que la délégation par le peuple des trois pouvoirs – législatif, exécutif, judiciaire – peut conduire à un blocage de la société, il en déduit qu'« *il nous manque le quatrième pouvoir, celui de suspendre l'effet des trois autres quand ils empêchent la vie de s'épanouir. Grâce à lui, nous pourrions inventer notre futur en ne sacralisant pas le passé dans un conservatisme sclérosant. Mais ce futur, il faut pouvoir l'expérimenter pour en observer les développements, avant de le généraliser, et naturellement, dans la légalité.* »

Deux pages plus loin, Lucien Pfeiffer précise comment il voit la concrétisation de ce droit à l'expérimentation : « *Imaginons qu'une institution, appelons-la par exemple "Commissariat Général aux Structures Expérimentales" reçoive le pouvoir de suspendre l'effet de telle loi, tel décret, tel arrêté, telle circulaire, telle décision de justice en*

faveur d'une expérimentation de nouvelles écoles, nou-
velles entreprises, nouvelles communes, nouvelles pri-
sons, etc. (...) Quel fantastique moyen d'inventer le futur
dans la légalité nous donnerions-nous ! »[1].

Ne nous arrêtons pas à la forme proposée pour réaliser cette idée. Elle procède de cette tendance, particulièrement marquée en France, de créer un ministère pour
chaque problème social qui surgit. Nous avons ainsi vu
apparaître les ministères de la ville, de la famille, des
personnes âgées et dépendantes, du droit des femmes, de
la réussite éducative, de l'économie sociale et solidaire
et, n'ayons peur de rien, du redressement productif !!!

Nous croyons qu'il suffit d'institutionnaliser une cause
pour la faire avancer. L'expérience nous montre que les
problèmes ne se résolvent pas en créant un organisme en
haut de la pyramide. Avec son *Commissariat Général aux*
Structures Expérimentales, Lucien Pfeiffer se laisse
prendre par ce mirage. On peut imaginer la bureaucrati-
sation qui en résulterait ; les méandres des dossiers à
monter en synchronisation avec plusieurs ministères et
directions départementales ; sans compter les possibilités
qu'auraient les lobbies de mettre quantité de bâtons dans
les roues.

Cette expérimentation ne devrait pas être faite par un
commissariat gouvernemental, mais par des Organisations Non Gouvernementales spécialisées dans le domaine concerné. Dans les trois circulations monétaires,
nous avons montré comment une telle superervision peut
s'auto-organiser avec des garanties supérieures à celles
qu'offre le centralisme d'État. La forme de service public

---

1. Lucien Pfeiffer, *La fin du capitalisme ... et après ?*, Éditions Yves
Michel, p. 132 & 134.

de la monnaie, gérée par la société civile est tout à fait adaptée à ce cadre expérimental.

Dans la pratique, comment s'incarnerait cette forme ?

Imaginons que, dans un pays donné, une loi ait été votée donnant la possibilité de créer, à titre expérimental, sous certaines conditions, des Banques de Monnaie de Consommation, des Instituts de Financements et des Fonds de Monnaie de Contribution (nous verrons plus loin les modalités d'adoption d'une telle loi). Si cette loi a vu le jour, cela signifie qu'il y a eu un mouvement de citoyens en sa faveur. Ceux-ci seront donc moteurs dans la création des organismes monétaires. Ils devront trouver des personnes ayant les compétences nécessaires en gestion bancaire ou dans le domaine du crédit ou encore dans l'audit bancaire. Car ce sont plusieurs institutions qui seront créées plus ou moins simultanément : une Banque de Monnaie de Consommation, un Institut de Financement et un Cabinet d'audit pour chacune d'elles. Ces cabinets pourront être en charge du contrôle de plusieurs institutions de même type s'il venait à s'en créer dans différentes régions. Chacune fonctionnerait selon les règles que nous avons décrites précédemment.

Être déposant dans une Banque de Monnaie de Consommation implique que l'on accepte la monnaie fondante et le renoncement à l'intérêt sur l'épargne. En échange, l'on bénéficie de la garantie de recouvrer ses dépôts, même en cas de cessation d'activité de la banque, et également de prêts sans intérêts de la part de l'Institut de Financement. Les participants à ce système sauront aussi que leur argent est destiné à l'économie réelle.

La réalité montrera d'elle-même si une telle expérience correspond à un besoin de la société. Si ces organismes se développent et voient les déposants affluer vers eux et si leur fonctionnement est sain, alors des conclusions pourront être tirées au niveau de l'ensemble du système monétaire. Dans le cas contraire, il faudra en regarder les raisons pour voir si l'expérience doit s'arrêter ou si elle doit être modifiée ou encore si elle peut continuer en parallèle du système existant.

La loi initialement votée peut prévoir une durée d'expérimentation et des modalités d'évaluation, de prolongation ou d'interruption.

Un élément jouera ici un rôle essentiel. Il s'agit du mode de financement de ce système monétaire expérimental. Un principe juridique doit ici prévaloir : accorder des droits n'a de sens que si l'on a les moyens de les exercer. Dans le domaine qui nous concerne, il s'agit de mettre sur pieds un nouveau service public de la monnaie. Ces institutions recevront donc de l'argent public pour assurer leur budget (en dehors des frais qu'elles factureront aux déposants ou aux emprunteurs, comme nous l'avons décrit).

Comment cet argent leur sera-t-il attribué ? Ce pourrait être l'occasion d'expérimenter le troisième type d'institution monétaire : les Fonds de Monnaie de Contribution. De tels fonds se constitueraient pour collecter l'argent nécessaire au fonctionnement des Banques de Monnaie de Consommation et des Instituts de Financements. Ils recevraient l'argent des contribuables favorables à cette expérimentation. Ceux-ci déduiraient leurs versements de leurs impôts selon des modalités et limites prévues dans la loi d'expérimentation. Les règles de fonctionnement de ces fonds ont été décrites au chapitre *Une troisième forme de monnaie : la Monnaie de Contribution*.

Là encore, ce financement par défiscalisation permettra que l'expérimentation montre, d'elle-même, la valeur que lui attribuent les citoyens. S'ils sont nombreux à orienter une part de leurs impôts vers ces nouvelles institutions monétaires, celles-ci auront les moyens d'exister. C'est donc une façon d'exprimer ses choix citoyens plus directe que l'élection de députés ou d'un chef d'État.

La mise en place expérimentale de ces institutions monétaires d'un nouveau type ne correspond pas à la création d'un système parallèle à celui qui existe ou à une forme de monnaie complémentaire. La monnaie déposée sur ces comptes sera celle de la zone monétaire du pays (par exemple, l'Euro pour la France, le Franc Suisse pour la Suisse, etc.).

À l'ouverture de leur compte dans une Banque de Monnaie de Consommation, les déposants y vireront leurs avoirs depuis leur compte domicilié dans une banque traditionnelle. Ils disposeront d'une carte bancaire et feront leurs virements vers n'importe quel compte du système bancaire national ou international.

Une Banque de Monnaie de Consommation pourrait ne pas avoir d'agence disposant de guichets. Les moyens informatiques le permettent. Mais si l'une d'elles décide d'en ouvrir une et qu'elle offre la possibilité de retraits en espèces, alors elle aura besoin de s'approvisionner en monnaie fiduciaire. Dans la phase expérimentale, il ne sera pas nécessaire de créer l'Institut de Monnaie Espèces que nous avons décrit. La Banque de Monnaie de Consommation virera, en monnaie scripturale vers la Banque Centrale, le montant correspondant à la monnaie fiduciaire qu'elle désire et recevra de celle-ci la contrepartie sous forme de pièces et de billets.

Souvenons-nous que la Banque de Monnaie de Consommation offre un service qui se limite à héberger les dépôts et effectuer les virements. De plus, elle n'utilise pas les fonds des déposants pour sa propre gestion ou pour des placements. Il y a une cloison étanche entre ces fonds et le compte bancaire de la banque, lequel est domicilié dans une autre Banque de Monnaie de Consommation. De ce fait, la nécessité de dépôts de garantie et de couverture auprès de la Banque centrale tombe d'ellemême. Les relations avec cet organisme se limiteront aux seuls échanges de monnaie scripturale contre monnaie fiduciaire et inversement.

En ce sens, les Banques de Monnaie de Consommation ne seront pas tenues par les règles du système bancaire traditionnel, mais par celles qui sont inhérentes à leur fonctionnement et que nous avons décrites dans cet ouvrage.

Il en va de même pour les Instituts de Financements. Les accords de Bâle III et les règles de la soi-disant couvertures des crédits par les fonds propres ne s'y appliqueront pas. Ces instituts ne feront de crédit qu'aux déposants ayant un compte dans les Banques de Monnaie de Consommation qui ont donc choisi de ne pas avoir affaire avec l'économie virtuelle. Tous les crédits seront destinés à l'économie réelle. Les instituts et les Cabinets d'Audit surveilleront l'emploi des fonds mis à disposition.

De ce fait, ce sont d'autres règles prudentielles qui prévaudront. Nous les avons décrites au chapitre *Une monnaie orientée « futur »*. Nous les compléterons lorsque nous traiterons, dans le tome 2, l'Assurance d'Exploitation qui permettra de minimiser les risques de défauts de remboursements des prêts.

Nous avons donc décrit, dans les grandes lignes, ce que serait une réalisation évolutive de ce nouveau système monétaire. Face à l'impasse dans laquelle se trouve le système actuel, face aux nouvelles crises qui se profilent déjà, face aux dégâts causés au tissu social par la spéculation, face au nombre de chômeurs et de pauvres qu'engendre la pollution de l'économie, les citoyens ont-ils d'autres choix que de se saisir de ces questions et d'imposer au politique de nouvelles formes, en particulier dans le domaine monétaire ?

Nous sommes là devant une autre difficulté. Dans la plupart des pays, les citoyens n'ont que très peu de moyens de se faire entendre du politique et d'imposer les réformes qu'ils souhaitent. Le système que l'on qualifie de démocratique est organisé de façon telle que, au-delà du discours et dans les faits, toute volonté de changement est diluée dans les méandres de la politique, ou étouffée par les pressions de l'économie.

Le peuple suisse est celui qui dispose le plus des moyens nécessaires à faire entendre sa voix. Il est le véritable souverain puisqu'il a le double droit de s'opposer aux lois votées par le parlement (droit de référendum) et de proposer de nouvelles lois (droit d'initiative). Il pourrait donc initier une votation populaire pour expérimenter cette nouvelle organisation bancaire. Ce serait d'ailleurs un paradoxe amusant que cela arrive dans un pays qui dispose d'un système bancaire très à l'opposé de ce que nous proposons. Ce serait aussi un grand défi, car les résistances venant de ce système seraient énormes. Mais le peuple suisse a su parfois s'imposer aux lobbies et à l'establishment.

Les autres pays ne disposent pas (ou dans une faible mesure) des droits d'initiatives et de référendum tels qu'ils existent en Suisse et que je qualifie de *minimum vital de la démocratie*.

La France s'est dotée, en apparence, d'un tel dispositif. D'une part, il est impraticable, car il faudrait réunir plus de quatre millions de signatures et 20 % des membres du parlement (sans compter les autres barrières). D'autre part, le droit d'initiative, c'est-à-dire le droit pour le citoyen de soumettre directement une loi à la votation populaire, n'y est pas intégré. Autrement dit, ce dispositif verrouille l'accès du peuple à une démocratie directe.

Il s'ensuit que la toute première réforme que devrait imposer le peuple français est celle de ce *minimum vital de la démocratie* : le droit d'accès direct aux lois.

Il est peu probable que les changements monétaires que nous préconisons soient implémentés par ceux à qui le système profite. Ce sont plutôt ceux qui en sont le plus exclus qui peuvent l'imposer. Si l'on veut le faire de façon démocratique et sans révolution, il est indispensable que les peuples se dotent des instruments de base d'une véritable démocratie, à savoir le *droit d'Initiative Législative Populaire* et celui de *Référendum Législatif Populaire*. C'est là la condition première d'une évolutivité dans la démocratie.

Mais il y a aussi une deuxième condition : la démocratie ne saurait exister pleinement dans une dictature de l'économie. Il est donc nécessaire d'agir sur ce champ en le transformant en profondeur dans le domaine de la monnaie, comme nous l'avons exposé dans ce premier tome, et dans celui du capital, du travail et du foncier-immobilier, comme nous le ferons dans le tome 2. Là aussi, nous aurons à penser plusieurs impensables et à révolutionner notre approche économique de ces domaines pour créer les bases de leur dépollution par la société civile.

Notes

a. Le lecteur averti en matière de comptabilité sera peut-être surpris par la forme d'enregistrement comptable qui est proposée dans le tableau des opérations de prêts par l'Institut de Financement. Il le trouvera simpliste et posant même problème lorsqu'il s'agit de dresser le bilan final de l'exercice. Nous allons donc considérer différents aspects de cette question :

a.1. La transformation des banques traditionnelles en deux entités, les Banques de Monnaie de Consommation et les Instituts de Financement, est une véritable révolution dans la monnaie. Il n'y aurait donc rien d'extraordinaire à ce que la pratique comptable s'en trouve modifiée. Plutôt que de vouloir faire rentrer la comptabilité de ces nouvelles institutions dans le moule de la comptabilité traditionnelle, il serait judicieux de partir des besoins de fiabilité, de lisibilité et de simplicité d'utilisation de ces nouvelles entités, quitte à innover, si nécessaire.

a.2. Un point essentiel doit être rappelé : la comptabilité de chaque institution financière est partagée en deux. D'un côté il y a celle des Mouvements Monétaires des clients et de l'Émission Monétaire de l'Institut F ; de l'autre, celle qui le concerne en tant qu'entreprise, avec ses charges et ses produits, son actif et son passif. Le tableau de la page 181 concerne les premiers (prêts de Dujardin, emprunt de Lambda, etc.). Les frais que l'entreprise Lambda paye pour cet emprunt (soit 5% de 500'000, au total) sont payés depuis son Compte de Consommation Courante au CCC de l'Institut F qui, rappelons-le, se trouve dans une Banque de Monnaie de Consommation. La facturation et le règlement de ces frais seront enregistrés dans le compte d'exploitation de l'Institut F. La première comptabilité, celle des Mouvements Monétaires et de l'émission Monétaire n'en sera pas affectée. Il y a donc une séparation totale entre ces deux comptabilités. La première a un caractère inhabituel qui fait de l'institution financière une simple chambre d'enregistrement, ce qui permet que la monnaie soit seulement une comptabilité. C'est aussi ce qui fait qu'une éventuelle faillite d'une institution financière n'affecterait pas les comptes des clients, ceux-ci étant transférés à une autre institution du même type. Nous avons donc là une comptabilité de nature différente qui pourrait alors justifier le recours à d'autres techniques.

a.3. Le compte Mouvements de Monnaie Scripturale enregistre la contrepartie des opérations sur les comptes des prêteurs et emprunteurs, depuis ou vers un Compte de Consommation Courante. Son fonctionnement est analogue à celui du compte Banque de la comptabilité d'une entreprise. Il peut donc être « à découvert » et il le sera généralement puisque l'Institut de Financement sera, en général, prêteur net. En fin d'exercice, le solde final sera alors négatif. Ce compte apparaîtra donc, non pas à l'actif, mais au passif. Dans l'exemple de la page 181, les bilans des années n et n+1 se présenteront donc ainsi :

Libellé	Année n		Année n+1	
	Actif	Passif	Actif	Passif
Émission monétaire	480'000		384'000	
Mouvements de Monnaie Scripturale		480'000		384'000
	480'000	480'000	384'000	384'000

a.4. Le compte Émission monétaire est un compte de débiteurs, présenté de façon simplifiée. Dans la pratique, il serait fractionné en sous-comptes par emprunteurs, comme dans le cas du compte Clients d'une entreprise habituelle. Un extrait du sous-compte de l'entreprise Lambda donnerait immédiatement la situation du prêt, les remboursements effectués et ce qu'elle doit encore rembourser.

a.5. Certains lecteurs avertis seront surpris de voir que le compte de Dujardin est à zéro et ne figure donc pas au bilan de l'Institut F. Il s'agit d'une relation entre Dujardin et Lambda pour laquelle l'Institut sert d'intermédiaire. Cette somme de 20'000 apparaît dans la comptabilité de Lambda comme une dette envers Dujardin. C'est ce qui se passe aujourd'hui si quelqu'un prête de l'argent à une entreprise, par virement depuis son compte en banque. L'opération ne concerne pas directement la banque. En cas de contestation, l'Institut pourra sortir un extrait du compte de Dujardin. Toutes les opérations y auront laissé une trace.

Selon le principe de la Monnaie de Financement, il est normal que ce compte se retrouve à zéro en fin d'exercice. Si Dujardin voulait prêter les 4'000 que Lambda lui a remboursés et qu'il n'avait pas encore pu le faire avant la clôture comptable de l'Institut, alors cette somme figurerait au passif du bilan dans un compte que l'on pourrait appeler Prêts en attente d'affectation.

a.6. De même le compte de l'entreprise Lambda a un solde nul, ce qui révèle un fonctionnement normal. Si l'entreprise emprunte, c'est qu'elle a besoin de cet argent. Dès qu'il est versé sur son compte à l'Institut F, il est viré sur son Compte de Consommation Courante, à sa banque. Au cas où l'Institut débloquerait le prêt en plusieurs tranches, seuls les montants effectivement versés figureraient au compte de Lambda. Toutefois, pour des besoins de visibilité, l'Institut F aura sans doute recours à un compte hors bilan qui enregistrera la totalité du prêt accordé et les tranches débloquées. Encore une fois, nous présentons un principe. La technique de détail devra s'adapter aux besoins de fiabilité, de traçabilité, de lisibilité et de simplicité.

b. L'Accord multilatéral sur l'investissement (AMI), en anglais Multilateral Agreement on Investment (MAI), a été négocié secrètement au sein des vingt-neuf pays membres de l'Organisation de coopération et de développement économiques (OCDE) entre 1995 et avril 1997. Proposant une libéralisation accrue des échanges (interdiction des discriminations par la nationalité entre investisseurs), il entraîna de vives protestations de la part des partisans de l'exception culturelle, des mouvements de défense de l'environnement et de quelques mouvements syndicaux lors de sa divulgation au grand public par des mouvements de citoyens américains. (Source Wikipédia).

c. L'Accord général sur le commerce des services (AGCS, ou GATS en anglais pour General Agreement on Trade in Services) constitue l'annexe 1B de l'Accord de Marrakech instituant l'Organisation mondiale du commerce (OMC) en 1994. Il s'agit d'un accord multilatéral de libéralisation des échanges de services, qui selon ses promoteurs, vise à apporter une utilisation plus efficace des moyens de production en favorisant l'avantage comparatif des pays concernés, tandis que ses détracteurs y voient une menace pour l'universalité des services publics. (Source Wikipédia)

d. Nous ne faisons qu'esquisser le principe de ce qui devrait être l'objet d'une étude approfondie de la formation des prix en économie réelle. En développant plus avant cette question, nous pourrions voir l'erreur commise par Adam Smith. Son approche de la division internationale du travail n'avait pas intégré ces quatre facteurs que sont le salaire, les prestations sociales, les conditions de travail et l'environnement. Dès lors, il comparait ce qui n'est pas comparable. Ces quatres facteurs étant au même niveau dans les pays, la spécialisation de l'un d'entre eux sur une production n'a de sens que lorsqu'elle montre un avantage supplémentaire que les autres ne peuvent atteindre. Nous ne faisons qu'indiquer une piste de travail qui sera reprise plus en détail dans le Tome 2.

Sommaire